스토의 인권 교실

스토의 인권 교실 – 인권은 왜 중요할까?

초판 1쇄 발행일 2016년 10월 10일
초판 15쇄 발행일 2023년 6월 10일

기획·글 신연호 그림 이민혜

발행인 윤호권 사업총괄 정유한
발행처 (주)시공사 주소 서울시 성동구 상원1길 22, 6-8층 (우편번호 04779)
대표전화 02-3486-6877 팩스(주문) 02-585-1247
홈페이지 www.sigongsa.com / www.sigongjunior.com

ISBN 978-89-527-8249-6 74100
ISBN 978-89-527-8247-2 (세트)

*시공사는 시공간을 넘는 무한한 콘텐츠 세상을 만듭니다.
*시공사는 더 나은 내일을 함께 만들 여러분의 소중한 의견을 기다립니다.
*잘못 만들어진 책은 구입하신 곳에서 바꾸어 드립니다.

*사진 자료 제공
104쪽 키루스 실린더 Mike Peel(CC BY-SA 4.0)
111쪽 모로코 어린이 노동자 Zouavman Le Zouave(CC BY-SA 3.0)

KC마크는 이 제품이 공통안전기준에 적합하였음을 의미합니다.
제조국 : 대한민국 사용 연령 : 8세 이상
책장에 손이 베이지 않게, 모서리에 다치지 않게 주의하세요.

스토의 인권 교실

인권은 왜 중요할까?

신연호 글 | 이민혜 그림

시공주니어

작가의 말

　지하철이 세상에 처음 등장한 건 1863년의 일이에요. 마차들 때문에 교통 체증이 심했던 영국의 런던에서 처음 달리기 시작했대요. 그런데 미국에서는 이보다 몇십 년 전에 '지하 철도'가 부지런히 달리고 있었어요. 덜컹대며 지하 철로를 달리는 기차가 아니라, 남들 몰래 비밀스런 일을 하던 모임의 이름이지요.

　어떤 비밀스런 일을 했는지는…… 음, 그건 가르쳐 줄 수가 없겠네요. 그걸 순순히 밝히면 책 읽는 재미가 뚝 떨어질지도 모르거든요. 독자 친구들을 위해서 지하 철도의 비밀스런 일은 비밀로 남겨 놓을게요. 힌트를 하나 준다면 인권과 관계있는 모임이라는 것, 여기까지만!

　우리는 인권이란 말을 어렵게 생각해요. '인권'의 뜻을 풀이하면 '사람의 권리'인데, 이 말뜻이 어려운 건 아닐 거예요. 우리 사회가 인권에 대해서 고민하기 시작한 게 그리 오래되지 않았기 때문에, 인권이 왜 중요한지, 또 우리에게 어떤 권리가 있는지 등을 잘 모른다는 뜻이겠지요.

저도 마찬가지예요. 인권을 주제로 책을 썼지만 아직도 인권에 대해서 배우고 공부해야 할 것이 많아요. 그러나 한 가지 확실히 깨달은 게 있어요. 나의 인권이 소중한 만큼 남의 인권도 소중하다는 것이에요.

친구들과 다툴 때 이런 말 가끔 하죠?

"네 마음만 있니? 내 마음도 있다."

저도 씩씩대면서 이런 말을 참 많이 했는데요. 인권도 똑같은 것 같아요. 네 권리만 있는 것도, 내 권리만 있는 것도 아니죠. 우리 모두에겐 사람으로서의 권리가 있고, 그 권리는 누구의 것이든 소중한 거예요. 이 책을 읽은 독자 여러분이 이것 하나만 가슴에 콕 박아서 기억해 주면 좋겠어요. 그럼 저는 무척이나 기쁠 것 같아요.

신연호

차례

교실지기의 특별 수업

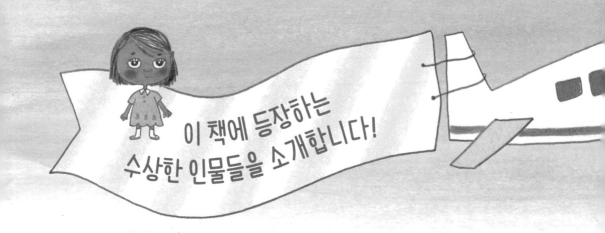

이 책에 등장하는
수상한 인물들을 소개합니다!

내 노예 은호, 오늘은
어떻게 부려 먹을까……?

김수정,
네가 날 제치고
글쓰기 대회에 나가다니!

이번 방학 땐
제발 해외여행~!

긴장하면 주먹을 꼭 쥐고
바지에 쓱쓱 문지르는 버릇

팔자걸음

재인

글쓰기 대회 때마다 학급 대표로 뽑히던 재인이.
그러던 어느 날, 같은 반 수정이에게 대표 자리를 빼앗기고 만다.
고종사촌 은호까지 수정이 편을 들어 이래저래 기분이 상한 날,
눈앞에 펼쳐진 이상한 현수막에 이끌려 특별한 경험을 하게 되는데…….

교실지기
재인이에게
공짜 미국 여행을
시켜 주겠다는
경비행기 조종사.
과연 정체는?

은호
재인이의 노예가
되겠다고
약속한 소심한
태권도 소년.

재인이가 여행에서 만날 사람들

랜돌프 부인
'흑인이 백인하고 어떻게 같을
수 있나요?' 하고 묻는, 미국 남
부 목화 농장의 변덕쟁이 주인.

노예 사냥꾼
돈을 노리고 쥬바의 뒤를 쫓는
사람들.

스토 부인
세계적인 작품을 쓰게 될 미
국의 작가라는데, 책 쓰는 일
보다 남의 일에 관심이 더 많
은 것 같다.

쥬바
자유를 찾아 노예 생활에서 탈출
한 흑인 여성. 또다시 미국 밖으로
탈출 계획을 세운 이유는?

토머스
목화 농장에서
일하는 노예지
만 대단한 비
밀을 알고 있
는 사람.

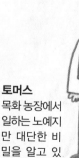

1. 공짜 미국 여행

"은호 넌 어떻게 생각해?"

재인이의 목소리가 날카로웠다. 코뿔소처럼 콧김을 푹푹 내뿜는 것이 무언가에 단단히 화가 난 모양이었다.

김수정

"뭘?"

재인이 뒤를 따라 걷던 은호가 퉁명스레 대꾸했다. 은호는 재인이의 가방과 자기 가방을 앞뒤로 나눠 멘 채 휘청휘청 걷고 있었다.

"이번 글쓰기 대회 말이야. 어떻게 내가 쓴 글이 떨어지고 김수정 글이 뽑힐 수 있냐고오?"

재인이가 말꼬리를 늘이며 짜증을 냈지만 은호는 콧방귀를 뀔 뿐이었다.

"수정이가 너보다 글을 더 잘 썼겠지."

"말도 안 돼. 다문화가 어떻게 나보다 글쓰기를 잘해? 한글로 쓰는 걸."

'다문화'는 엄마가 필리핀 사람인 수정이를 가리키는 말이었다. 반 아이들 대부분이 수정이를 다문화라고 불렀다. 재인이도 마찬가지였다. 재인이는 수정이를 은근히 얕잡아 보고 있었다. 특별한 이유는 없었다. 피부색도 다르고 늘 기죽어 있는 수정이는 또래보다 뒤처진 아이라는 생각이 들었다. 3학년인데도 맞춤법이 엉망이라는 소문도 있었다. 그런 수정이가 쓴 글이 재인이가 쓴 글을 제치고 반 대표로 뽑혔다니 믿을 수 없었다. 재인이는 1학년 때부터 글쓰기 대회

라면 1등을 놓친 적이 없었고 이번에도 큰 기대를 하고 있던 터였다.

"정말 어이없어!"

재인이는 발끝에 걸리는 깡통을 뻥 차며 화풀이를 했다. 그 모습을 보고 은호가 작정한 듯 말을 쏟아 냈다.

"고재인! 혼자 잘난 척하지 마. 너는 한국말만 잘하지만 수정이는 영어도 잘할걸. 엄마가 외국 사람이잖아. 외갓집이 필리핀이니까 해외여행도 해 봤을 거야. 너는 비행기 한 번도 못 타 봤지?"

재인이의 말문이 턱 막혔다. 그깟 비행기 열 번도 더 타 봤다고 꾸며 댈 수도 없는 노릇이었다. 재인이와 은호는 친척이니까. 재인이 아빠와 은호 엄마가 오빠, 동생 사이이니까 둘은 사촌이다. 허물없는 사이인 데다 어릴 때부터 한동네에 살아 서로의 사정을 훤히 알았다. 해외여행을 해 봤다고 둘러댈 수가 없는 처지였다. 할 말이 없었지만 그렇다고 가만히 있을 재인이가 아니었다. 말문이 막힐 때일수록 목소리가 커야 한다는 걸 재인이는 잘 알고 있었다.

"야, 노예! 너 자꾸 까불래?"

"노예 소리 이제 그만해라. 내가 언제까지 네 심부름이나 해야 돼?"

은호가 투덜대며 맞섰지만 재인이는 눈 하나 깜짝하지 않았다. 믿는 구석이 있기 때문이었다.

"싫으면 관둬. 난 고모한테 노트북이 왜 고장 났는지 말할 테니까."

"아아, 안 돼! 안 돼, 재인아. 내가 잘못했어."

은호가 금세 꼬리를 내리며 다급하게 소리쳤다.

일주일 전, 은호는 엄마의 노트북 컴퓨터를 고장 냈다. 인터넷을 한다고 들고 다니다가 그만 떨어뜨리고 만 것이다. 다행히 떨어진 곳이 소파 위라 깨지지는 않았지만 캄캄해진 화면은 두 번 다시 환해지지 않았다. 그 소동을 재인이가 처음부터 끝까지 지켜보고 있었다.

더럭 겁이 난 은호는 사실을 감추어 주는 대신 재인이를 위해서 무엇이든 하겠다고 약속을 한 터였다.

"노예라도 할 테니까 비밀 지켜 달라고 사정사정한 건 은호 너야. 잊지 마."

"응, 알았어. 잊어버리지 않을게. 절대로!"

재인이는 의기양양하게 어깨를 폈고 은호는 슬그머니 꽁무니를 뺐다.

"재인아, 나는 태권도 학원 늦을까 봐 먼저 간다. 가방은 네 방에 갖다 둘게."

은호는 무거운 책가방을 손바닥으로 받치고 뛰듯이 걸어갔다. 재인이는 입을 비쭉이며 은호의 뒷모습을 보았다. 뚱뚱한 몸으로 뒤뚱대며 걸어가는 모습이 한심해 보였다. 은호는 어려서부터 재인이 말이라면 꼼짝을 못 했다. 재인이는 그런 은호를 만만히 보고 함부로 대했다. 이번에도 은호가 먼저 노예가 되겠다고 했으니 겨울

방학 때까지 실컷 부려 먹
을 생각이었다.

가방이 없으니 편했다. 평
소에는 앞만 보고 걷던 길인
데 이리저리 둘러보니 신기한
것이 많았다. 예쁜 강아지도 자
주 보였고 길 고양이도 많이 돌
아다녔다.

"어어, 저게 뭐지?"

두리번거리며 얼마를 걸었을
까. 재인이는 길 건너편 건물에서
현수막이 아래로 펼쳐지는 것
을 보았다. 두루마리 휴지 풀
리듯이 주르르 펼쳐진 현수
막에 검은 글씨가 선명했다.

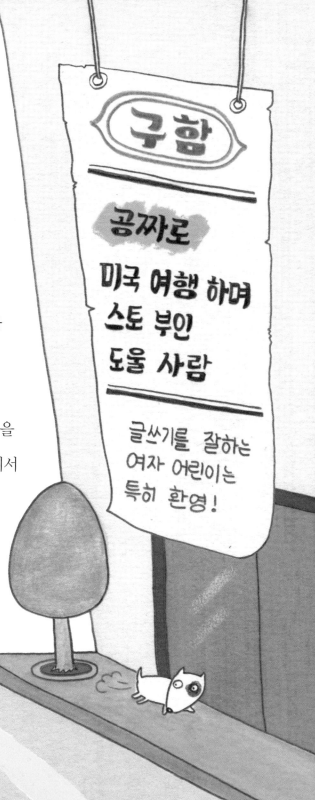

구함

공짜로

미국 여행 하며
스토 부인
도울 사람

글쓰기를 잘하는
여자 어린이는
특히 환영!

'글쓰기 잘하는 여자 어린이는 공짜로 미국 여행을 시켜 준다고?'

눈을 비비고 다시 차근차근 읽어 보았다. 역시나 같은 내용이었다. 글쓰기를 잘하는 여자 어린이라니, 재인이를 찾는 것만 같았다. 재인이 귀에 은호의 목소리가 맴돌았다.

'수정이는 해외여행도 해 봤을걸. 너는 비행기 한 번도 못 타 봤지?'

스토 부인이 누군지는 모르지만 미국 여행을 하게 된다면 수정이나 은호에게 기죽을 일은 없을 것이다. 재인이는 현수막을 내건 곳이 어디인지 살폈다. 옥상이었다.

재인이는 서둘러 옥상으로 올라갔다. 초록 페인트를 두껍게 칠해 놓은 그곳에 눈길을 사로잡는 것이 있었다. 경비행기였다. 비행기 꼬리에는 '수상한 인문학 교실'이라고 쓰인 깃발이 펄럭였다. 재인이의 눈과 입이 둥그레졌다.

비행기 문이 열리고 고등학생쯤 되어 보이는 조종사 언니가 내려왔다. 꼬불거리는 노란 머리에 커다란 안경을 걸치고 있었다. 근사했다.

언니는 방싯 웃으며 인사를 건넸다.

"안녕. 스토 부인을 도울 친구! 나는 교실지기야."

"교실지기요?"

교실지기는 고개를 까딱까딱해 보이고 '수상한 인문학 교실'이라고 쓰인 깃발을 가리켰다.

"으응. 너를 스토 부인에게 데려다줄 사람이지."

"스토 부인이 누구인데요?"

"미국의 작가야. 세상을 깜짝 놀라게 한 소설을 썼어. 흐음, 아니지. 쓸 계획이라고 해야 하나? 아무튼 세계적인 작가야."

말이 오락가락하는 게 이상했지만 작가라는 말에 재인이의 호기심이 발딱 일어섰다. 세계적인 작가를 만난다면 글쓰기 대회에 못 나가는 것쯤은 아무렇지도 않았다. 재인이의 얼굴과 마음에 꽃이 피기 시작했다.

"마음을 굳힌 것 같은데, 탈래? 스토 부인이 기다리고 계셔."

"지금요? 진짜 미국에 가는 거예요?"

"그러엄. 거짓말을 해서 뭐해?"

"언제 돌아오는데요?"

"그건 너한테 달렸지. 임무를 마치기만 하면, 돌아오는 건 순식간

이거든. 스토 부인을 돕는 것 말이야. 그게 네 임무야."

　교실지기는 아무 걱정 말라는 소리를 덧붙이고는 조종
석으로 갔다. 재인이도 자석에 끌려가는 쇳가루처럼 교실
지기를 따라가 옆자리에 올라탔다.

　"이륙한다. 무서우면 눈 꼭 감아!"

투다다다 엔진 소리가 들리더니 비행기가 위로 떠올랐다. 비행기 안에서 내려다보는 마을은 마치 그림 같았다. 비행기가 높이 오를수록 그림은 커졌고, 그림 속 건물들은 작아졌다. 야호 소리가 절로 나올 만큼 신이 났다.

그런데 비행기가 갑자기 한쪽으로 기우뚱하더니 이내 제자리로 돌아왔다.

"무슨 일이에요?"

재인이가 놀라 소리쳤지만 엔진 소리가 커서 말소리는 전해지지 않았다. 바깥 풍경도 구름에 가려 보이지 않았다. 재인이는 눈을 꼭 감았다. 두근대던 마음이 진정됐다. 시끄러운 엔진 소리도 점점 작아지더니 어느새 들리지 않았다. 비행기 안에서의 기억은 그것이 마지막이었다.

2. 사냥꾼에 쫓기는 쥬바

"여기가 어디지?"

눈을 떴을 때 재인이는 처음 보는 방, 낯선 침대에 누워 있었다.
비행기에서 눈을 꼭 감은 뒤로 무슨 일이 있었는지 도무지 기억이
나지 않았다.

'혹시…… 사고?'

가슴이 쿵 내려앉았다. 두 팔을 들어 이리저리 살펴보았지만 상처 하나 없었다. 다리도 마음대로 움직였고 침대에서 벌떡 일어나는 것도 문제없었다.

'휴, 사고는 아닌가 보네.'

재인이가 자기 몸을 살피느라 정신없을 때 방문이 열리며 한 아줌마가 들어왔다.

"오, 일어났구나. 많이 놀랐지?"

재인이는 재빨리 침대에서 빠져나왔다. 아픈 데도 없이 누워 있을 수가 없었다. 아줌마는 방문 가까운 곳에 있는 의자를 가리켰다. 이 아줌마가 스토 부인인가 보았다. 얼굴 생김새나 옷차림으로 보아 한국 사람은 아니었다.

"나도 많이 놀랐어. 교실지기가 아시아의 어린이를 진짜로 데려올 줄은 몰랐거든."

교실지기라는 말에 재인이는 마음이 급해졌다. 지금 교실지기는 어디 있는지, 아줌마와는 어떤 사이인지 묻고 싶은 것이 많았다.

"어디 있어요? 교실지기 언니는……."

"돌아갔어. 잠든 너를 침대에 눕혀 주고 바로 떠났단다. 하지만 걱정 마. 너를 돌려보낼 방법은 알려 주고 떠났으니까."

아줌마는 재인이가 묻지 않은 것까지 말해 주었다. 덕분에 돌아갈 걱정은 하지 않아도 되었다. 재인이는 아줌마가 마음에 꼭 들었다. 세계적인 작가와 마주 앉아 있다고 생각하니 설레기까지 했다.

"아줌마가 스토 부인이시죠?"

"맞아. 내가 해리엇 비처 스토야."

"저는 고재인이에요. 재인이라고 부르시면 돼요."

"제인? 미국에도 똑같은 이름이 있는데 신기하네. 하기는 신기한 일이 한두 가지가 아니구나. 너를 만난 일이나 교실지기를 만난 일이나……."

"교실지기 언니를 잘 아세요?"

"얼마 전에 우연히 만난 사이야. 그런데 참 이상하지. 몇 마디만 나눴을 뿐인데도 오랫동안 알고 지낸 사람처럼 마음을 터놓게 되더라니까. 내 고민을 풀어 주겠다고 하더니 마법을 부리듯 너를 우리 집으로 데려왔지 뭐니."

"교실지기 언니는 저한테 아줌마를 도와주라고 했어요. 제가 뭘 도우면 돼요?"

"며칠 동안 나하고 지내면서 말동무를 해 주면 돼."

재인이는 하마터면 '애개' 소리를 낼 뻔했다. 뭔가 중요한 일인 줄 알았는데 겨우 말동무라니 실망이 이만저만이 아니었다.

스토 부인은 침대 옆의 서랍에서 편지 한 통을 꺼내 재인이에게 내밀었다.

"이사벨라가 보낸 편지야. 내게 에드워드라는 오빠가 있는데 이사벨라는 에드워드의 부인이야."

재인이는 누런색 편지지를 펼쳐서 읽어 보았다.

얼마 전 이곳 보스턴에서 정말 끔찍한 일이
일어났어요. 오랫동안 자유롭게 살아온 흑인을
잡기 위해 군대가 출동한 거예요. 어떻게 이런 일이
일어날 수 있지요? 에드워드와 나는 가엾은
흑인들을 위해 아무것도 할 수 없는 게 가슴 아파요.
내가 아가씨처럼 글을 잘 쓰는 재주가 있다면
노예 제도가 얼마나 비참한지 전 세계에
알리는 글을 쓸 거예요.

1850년 9월,
이사벨라 포터 비처 씀.

재인이의 손이 가늘게 떨렸다. 1850년. 과거로 온 것이었다. 그러고 보니 교실지기가 이렇게 말하던 게 떠올랐다.

"세상을 깜짝 놀라게 한 소설을 썼어. 흐음, 아니지. 쓸 계획이라고 해야 하나?"

그 말의 뜻을 이제 알 것 같았다. 지금 재인이 눈앞에 있는 스토 부인이 어떤 소설을 쓸 계획인데, 그것이 나중에 세상을 깜짝 놀라게 한다는 뜻이었다. 그렇다면 재인이는 그 대단한 작품의 탄생에 한몫을 하게 될지도 모른다. 재인이의 얼굴이 흥분으로 서서히 달아올랐다.

스토 부인이 입을 열었다.

"이사벨라의 편지가 아니어도 나는 노예 제도의 문제점을 소설로 쓸 생각이었어. 그런데 막상 시작하려니까 머리가 복잡해지는 거야. 세상 사람들이 내 글을 읽고 어떻게 생각할까? 잘못된 제도를 고쳐 볼 마음이 들까? 오히려 노예들한테 피해를 주는 건 아닐까? 이런 여러 가지 생각이 들어서 말이야."

재인이는 스토 부인의 마음을 알 것도 같고, 모를 것도 같았다. 스토 부인이 계속해서 말했다.

"교실지기에게 이런 고민을 털어놓았더니 새로운 친구를 만나 보라고 하더구나. 내가 쓰려는 이야기와는 동떨어진 세상에 사는 사람을 만나 이런저런 이야기를 나누다 보면, 복잡한 마음이 정리될 거라고 했어. 그러면서 아시아의 어린이를 데려다주겠다고 하지 뭐야."

스토 부인이 교실지기와의 일을 들려주었다. 마치 모험담을 풀어놓는 아이처럼 목소리가 들떠 있었다. 재인이는 '스토 부인의 말동무'가 하찮은 일이 아니라는 것을 깨달았다.

"어때, 제인. 나를 도와주겠니?"

"물론이죠!"

재인이의 시원한 대답에 스토 부인이 함박웃음을 지었다.

똑똑, 문 두드리는 소리가 난 건 그때였다. 눈망울이 큰 흑인 여자가 문 뒤에 서 있었다.

"스토 부인! 저 좀 도와주세요."

여자는 다짜고짜 사정을 했다. 목소리가 심하게 떨렸다. 스토 부인은 갑작스러운 일에 어리둥절해하면서 여자를 방 안으로 들어오게 했다.

"마음 가라앉히고 차근차근 말해 봐요. 뭘 도와 달라는 거죠?"

"그게……."

여자가 재인이를 힐끔거렸다. 낯선 사람 앞에서 이야기를 털어놓
아도 되는지 눈치를 보는 것이었다.

스토 부인이 말했다.

"제인은 아시아에서 온 내 친구예요. 걱정하지 않아도 돼요."

스토 부인이 의자를 가리키며 말했다. 여자는 의자에 앉고 나서도 한동안을 머뭇거리다 사정을 얘기했다.

"나는 윗마을에 사는 쥬바라고 해요. 부인이 우리 같은 사람들에게 관심이 많다는 걸 알고 찾아왔어요. 제가 미국 밖으로 탈출할 수 있게 도와주세요."

"탈출요? 무슨 일인지 자세히 말해 봐요."

스토 부인이 앞에 앉은 쥬바 쪽으로 몸을 기울였다.

"방금 시내에 나갔다가 노예 사냥꾼을 만났어요. 자유인이라고 말했지만 믿지 않는 눈치였어요. 계속 지켜보겠다고 협박하면서 돌아갔죠. 사냥꾼과 헤어지자마자 이리 달려왔어요. 스토 부인! 저는 간신히 지옥에서 도망쳤어요. 또다시 노예가 된다면 차라리 죽는 게 나아요."

쥬바가 얼굴을 감싸 쥔 채 울음을 터뜨렸다. 스토 부인은 가만히 지켜만 볼 뿐 아무 말도 하지 않았다. 재인이는 쥬바가 하는 말을 이해할 수 없었다. 사냥꾼이 왜 사람을 겁주는지, 어떤 지옥에서 도망쳤다는 것인지 도무지 알 수 없었다. 스토 부인이 쥬바를 위로하지 않고 가만히 있는 것도 이상했다. 재인이는 쥬바를 위해 어떤 말이라도 해 주고 싶었다.

"쥬바 아줌마, 어떤 사정인지는 모르지만 힘내세요. 죽는다는 말은 하지 마시고요."

"오오, 제인이라고 했니? 제인, 너는 노예의 삶이 얼마나 고통스러운지 모를 거야. 일이 힘든 것도 견디기 어렵지만 나쁜 주인한테 사람대접을 못 받는 건 정말 끔찍해."

쥬바가 울음을 삼키느라 꺽꺽대며 말했다.

"나쁜 주인한테 안 돌아가면 되잖아요."

재인이가 답답하다는 듯이 말했다. 듣고만 있던 스토 부인이 조심스레 끼어들었다.

"제인, 그렇게 간단한 일이 아니란다. 흐음, 어디서부터 말을 해야 하나?"

잠시 생각을 가다듬은 스토 부인이 말을 이어 갔다.

"미국에는 흑인을 노예로 부리는 도시가 있고 노예 제도를 없앤 자유 도시가 있어. 이곳 신시내티는 자유 도시란다. 노예로 살던 사람들은 그 생활이 너무 힘들어서 위험을 무릅쓰고 자유 도시로 탈출하기도 해. 눈치챘는지 모르지만 쥬바도 그런 사람이야."

"그런데 뭐가 문제예요? 이미 탈출했다면서요."

"이번에 생긴 도망 노예법이 문제야."

"도망 노예법요?"

"쥬바처럼 자유 도시로 탈출한 노예를 체포해서 원래 주인에게 돌려주는 법이야. 누구라도 노예였던 사람을 체포해 주인에게 데려가면 돈을 받을 수 있어. 그러니 돈을 노리고 흑인의 뒤를 쫓는 사람들이 생겨난 거지. 쥬바가 만난 사냥꾼처럼."

재인이는 쥬바의 문제를 어렴풋이 알 것 같았다. 지옥 같은 노예 생활에서 벗어나기 위해 자유 도시로 도망쳤는데 노예 사냥꾼들에게 또다시 쫓기는 신세가 되었다. 그래서 아예 미국 밖, 노예 제도가 없는 다른 나라로 탈출할 수 있게 도와 달라고 사정을 하는 것이었다.

"부인, 제발 도와주세요. 주인은 내 아이를 둘이나 빼앗아 갔어요. 마치 물건 팔아 치우듯이 노예 상인에게 팔아 버렸어요. 나는 아이들이 어디에 사는지, 아니 죽었는지 살았는지도 모른 채 살았어요. 지옥 같은 날들이었죠. 그래서 목숨을 걸고 도망쳤어요. 자유의 몸

이 되면 아이들을 다시 만날 방법을 찾아볼 수도 있을 테니까요. 그런데 다시 그 지옥으로 붙잡혀 간다면…… 아이들 생각이 나서 견딜 수 없을 거예요."

쥬바는 울음소리가 새어 나갈까 봐 손바닥으로 입을 꾹 틀어막은 채 눈물을 비처럼 흘렸다.

"세상에, 얼마나 힘들었을까. 쥬바의 마음 이해해요. 나도 작년에 두 살배기 아들 찰스를 콜레라로 잃었어요. 걱정 말아요, 쥬바. 내가 도울게요."

스토 부인이 쥬바에게 다가가 어깨를 꼭 감쌌다. 재인이는 두 사람을 안타깝게 바라보았다.

3. 토머스를 만날 수 있을까

이틀 동안이나 스토 부인을 만나지 못했다. 그동안 재인이는 신문을 읽으며 지냈다.

노예 제도에 반대하는 글이 눈에 띄었다. 바지를 입은 아멜리아 블루머라는 여자의 이야기도 흥미로웠다.

"여자가 바지를 입는 게 신문에 나오다니. 옛날 여자들은 옷도 마음대로 입을 자유가 없었나 봐."

신문을 읽으며 중얼대는 것도 나쁘지 않았다. 그렇게 시간을 보내다 보니 혼자 있어도 지루한 줄을 몰랐다.

사흘째 되는 날 아침, 재인이는 말 울음소리에 잠에서 깼다. 마당

신시시내시티 신문

가자, 서부로!
너도나도 금광 찾아 대이동

mir friulan mulfan li hye munt. crup nino

비인간적인 노예 제도는 폐지해야 한다

이렇게 끔찍한 불평등을 이대로 보아 넘겨서는 안 된다. 우리는 노예 생활에서 벗어나려고 몸부림치는 사람들을 보살펴야 한다. *womull crew iper*

아멜리아 블루머, 헐렁한 여성용 바지 '블루머' 제안하다.

eniilf eiro mfwu eu eu tioriu w crew iper

+장례 마차 대여+

mir friu lu mulfan li

콧수염 관리

crup nino hye munt.

으로 나가 보니 마차가 서 있고, 스토 부인은 음식 바구니를 싣느라
바빴다.

"아줌마, 어디 가세요?"

"응. 강 건너 켄터키 주에 다녀오려고."

재인이는 스토 부인이 쥬바의 일로 외출하는 것이라고 짐작했다.

"저도 같이 가요."

"제인은 집에 있는 게 좋겠어. 한가롭게 경치 구경이나 하는 여행
이 아니라서 말이야."

"알아요. 하지만 교실지기는 아줌마를 도우라고 했는걸요."

"나도 교실지기의 말을 기억해. 어디서건 도움을 받을 거라고 했어. 그렇지만 마차로 세 시간이 넘게 걸리는 길이야. 중간에 강을 건너야 하고, 강을 건너고 나면 마중 나온 마차로 갈아타야 해. 밥은 길 위에서 먹어야 하고. 돌아올 때도 그만큼 시간이 걸리니 무척 힘들 거야."

"힘들어도 참을 수 있어요."

스토 부인은 한참을 생각하더니 고개를 끄덕였다.

"좋아. 함께 가 보자."

재인이는 스토 부인의 마음이 바뀔까 봐 재빨리 마차에 올라탔다.

마부 아저씨가 '이랴!' 하며 말고삐를 흔들었다. 마차 바퀴가 덜컹거리며 천천히 구르기 시작했다.

"쥬바 때문에 켄터키에 가시는 거죠?"

재인이가 귓속말로 물었다.

"응. 랜돌프 씨네 농장에 가서 토머스라는 노예를 만나려고 해. 우리 일 때문에 물어볼 게 많아."

우리 일이라면 쥬바의 탈출을 돕는 일이다. 재인이는 꼭 쥔 두 주먹을 바지에 쓱쓱 문질렀다. 긴장할 때면 나오는 버릇이었다.

"다 왔다. 저기 보이는 게 오하이오 강이야."

스토 부인이 눈앞에 펼쳐진 긴 강을 가리켰다. 강기슭에 작은 배 한 척이 묶여 있었다. 배 안에 앉아 있던 사공이 마차를 보고 밖으로 나왔다. 스토 부인은 마차를 돌려보내고 사공에게로 가 셈을 치렀다. 사공은 배를 저어 재인이와 스토 부인을 반대편 기슭에 내려 주었다.

멀찌감치 떨어진 숲에서 마차가 천천히 달려 나오는 게 보였다. 마부를 살피던 스토 부인이 밝게 웃었다.

"아는 얼굴이군. 연락이 어긋날까 봐 걱정했는데 배도 마차도 제

때 와 주었어. 일이 잘 풀릴 것 같은데."

스토 부인이 손을 번쩍 들어 흔들자 마차가 빠르게 달려왔다.

"참, 제인. 농장에 가면 랜돌프 부인을 먼저 만날 거야. 변덕스럽고 까다로운 사람이라고 하니까 마음 단단히 먹자꾸나."

달리는 마차 안에서 스토 부인이 말했다.

"아까는 토머스를 만난다고 하셨잖아요?"

"주인 몰래 노예를 만날 수는 없어. 부인을 먼저 만나서 허락을 받아야 해."

"랜돌프 부인이 허락하지 않으면 헛걸음하는 건가요?"

"그런 일이 일어나지 않기를 바라야지. 랜돌프 부인과 가까운 사람에게 부탁했으니 기대를 해 보자꾸나."

재인이는 스토 부인이 이틀 동안 바빴던 이유를 알았다. 일을 도와줄 사람을 찾고, 배와 마차를 구하고, 랜돌프 부인에게 연락할 방법을 찾고……. 전화가 없던 때에 여기저기 발품을 팔며 참 많은 일을 해낸 것이다.

마차는 넓은 들판 사이로 한참을 달렸다. 들판은 하얀 꽃 같기도 하고 열매 같기도 한 것으로 뒤덮여 있었다. 고개를 빼고 보니 마치 커다란 눈송이 같았다. 그곳에서 피부색이 검은 사람들이 일을 하고 있었다. 커다란 자루를 메고 눈송이를 따느라고 바빴다.

"목화야. 8월 말부터는 수확을 하느라고 정신없이 바빠. 제인도 목화 알지?"

재인이가 고개를 끄덕였다. 목화솜에서 실을 뽑아 옷감을 짠다는 걸 책에서 읽었다. 그 옷감이 바로 면이었다.

"흑인이 따든, 백인이 따든 목화는 하얗기만 하네."

스토 부인이 일하는 사람들을 보며 중얼거렸다.

목화 농장 끝자락에 성처럼 커다란 집이 있었다. 마당 한쪽으로 작고 낡은 통나무집들이 몇 채 늘어서 있었다.

"노예들이 사는 오두막이야. 저 통나무집도 누군가에겐 따뜻한 보금자리겠지?"

스토 부인이 눈으로 통나무집을 가리키며 속삭였다. 부인은 한동안 통나무집에서 눈을 떼지 않았다.

재인이와 스토 부인은 노예 소년의 안내를 받아 랜돌프 부인을 만날 수 있었다. 랜돌프 부인이 재인이를 빤히 쳐다보며 호들갑을 떨었다.

"어머! 북부 사람들도 대놓고 노예를 데리고 다니네? 노예 제도가 나쁘다고 난리더니, 겉 다르고 속 다른 사람들이잖아."

랜돌프 부인에게 노예로 오해받은 재인이는 기분이 썩 좋지 않았다. 생김새만으로 자기를 무시한다는 생각이 들어서였다. 스토 부인이 정색하며 말했다.

"부인, 제인은 노예가 아니라 아시아에서 온 손님이에요."

"아시아? 흠, 인디언처럼 생겼네. 혼혈인 짐 크로하고 누가 더 검은지 비교해 볼까? 짐 크로!"

조금 전 현관 앞에서 만났던 노예 소년이 쪼르르 달려오더니 눈치를 살폈다.

"하하하. 짐 크로가 더 까맣군."

뭐가 그리 즐거운지 랜돌프 부인이 깔깔 웃었다.

"짐 크로, 북부에서 온 손님들한테 노래나 불러 드려. 검둥이들은 시도 때도 없이 노래를 부르잖아."

짐 크로는 뜸 들이지 않고 바로 노래를 불렀다. 가락은 가볍고 단순했지만 고개를 숙인 채 노래하는 짐 크로의 얼굴빛은 어두웠다.

내가 탄 마차가 흔들흔들 달려가네.

어서 와. 어서 달려와 나를 집에 데려다주렴.

요단 강 너머에서 무엇을 보았을까.

어서 와. 어서 달려와 나를 집에 데려다주렴.

노래가 끝나자 랜돌프 부인이 탁자 위의 빵을 짐 크로의 발치에 던졌다. 짐 크로가 바닥에 떨어진 빵을 집어 들고 나갔다. 스토 부인의 얼굴이 저절로 일그러졌다. 그 표정을 알아챈 랜돌프 부인이 빈정거렸다.

"스토 부인이라고 하셨죠? 짐 크로의 노래가 마음에 안 드나 봐요?"

"아닙니다, 부인. 노래가 슬퍼서 그렇습니다."

"거짓말! 당신도 북부 사람이니 노예 제도를 반대하는 거겠죠. 난 당신들의 주장을 도무지 이해할 수 없어요. 못사는 나라에서 온 흑인들은 모든 면에서 부족해요. 감정도 없고 지식도 없고 영혼도 보잘것없죠. 그래서 노예 생활을 하는 거랍니다. 그런 흑인이 이 땅의 주인인 백인하고 어떻게 똑같을 수 있나요?"

스토 부인은 입을 꼭 다문 채 아무 말도 하지 않았다. 재인이는 랜돌프 부인이 억지를 부린다고 생각하면서도 마음 한쪽이 자꾸 따끔거렸다. 짐 크로와 랜돌프 부인의 모습에 겹쳐지는 얼굴이 있었다. 수정이와 재인이 자신이었다.

"스토 부인, 나는 내 노예들에게 집도 주고 음식과 옷도 넉넉하게 줘요. 이곳의 환경이 아프리카보다 훨씬 좋기 때문에 노예들도 모두 만족스러워하죠. 그래서 힘든 일을 하면서도 노래를 부른답니다. 발목에 쇠사슬을 채워 놓아도 노래하고 춤을 춘다고요. 그러니 아무것도 모르면서 잘난 체하지 좀 말아요. 노예의 자유니 뭐니 그런 어리석은 말 좀 하지 말라고요."

랜돌프 부인이 한바탕 퍼부어 댔다. 재인이는 랜돌프 부인의 화가 멈추지 않을까 봐 조마조마했다. 토머스를 만나지 못하면 스토 부인의 노력은 물거품이 되고 만다. 그럼 사냥꾼 때문에 벌벌 떨던 쥬바는 어떻게 될까. 재인이가 한 발짝 앞으로 나섰다.

"랜돌프 부인! 제가 노래를 불러 볼게요. 들어 보실래요?"

"노래? 해 보렴. 아시아의 노래라니 호기심이 생기긴 하네."

"아리랑 아리랑 아라리요……."

갑자기 생각난 노래가 아리랑이었다. 재인이는 노래를 부르면서도 랜돌프 부인의 낯빛을 살폈다. 뜻밖에도 얼굴이 밝아지고 있었다. 노래가 끝났을 때는 박수도 짝짝 쳤다.

"나쁘지 않아. 나처럼 교양 있는 사람은 촌스러운 문화도 존중하거든. 제인이라고 했니? 노래를 들었으니 선물을 하나 줘야겠네."

랜돌프 부인이 탁자 서랍을 열어 종이 뭉치를 뒤적였다. 그 가운데서 한 장을 꺼내 몇 번을 접더니 재인이의 바지 주머니에 넣고 톡톡 쳤다.

"무척 중요한 문서니까 잃어버리지 말고 갖고 다녀. 큰 도움이 될 거다."

재인이가 꾸벅 인사를 했다. 랜돌프 부인은 공손한 인사도 마음에 든 눈치였다.

"스토 부인, 내 노예 토머스를 만나겠다고 하셨나요? 만나려는 이유가 뭐죠?"

"이웃에 사는 흑인 노인이 어릴 때 팔려 간 아들을 찾아 달라고 했어요. 죽기 전에 유품이라도 전하고 싶다고요. 노예 상인들에게 물어보니 토머스가 그 노인의 아들 같다고 하더군요. 그래서 확인해 보려고요."

꾸며 낸 말이었다. 스토 부인은 토머스를 만나기 위해 그럴듯한 이유를 미리 생각해 두었고 어쩔 수 없이 거짓말을 했다.

"북부에 사는 여자들은 무척 심심한가 보군요. 흑인의 심부름이나 하러 다니고."

랜돌프 부인이 벽 거울을 보며 머리를 매만졌다. 재인이와 스토 부인은 눈치만 살피며 서 있었다. 랜돌프 부인은 거울에서 눈을 떼지 않은 채 등 뒤의 스토 부인을 향해 말했다.

"빨리 만나고 가요. 아는 사람 부탁이라 거절도 못 하고……."

랜돌프 부인이 말끝을 흐렸다. 스토 부인은 랜돌프 부인의 마음이 변하기 전에 재빨리 밖으로 나왔다.

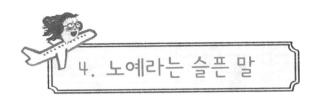

4. 노예라는 슬픈 말

햇볕이 쨍쨍했다. 목화 농장에는 그늘 하나 없었다. 흑인들은 땀에 젖은 채 목화를 따고 있었다. 양쪽 손으로 부지런히 목화솜을 따서 자루에 눌러 담았다. 자루에 가득 담긴 솜을 밭 가장자리에 놓인 큰 바구니에 쏟아붓는 사람도 있었다. 바구니에 담긴 솜은 몽실몽실한 구름 같았다. 하늘의 뭉게구름이 바구니 안으로 뚝 떨어진 듯 폭신해 보였다.

"토머스!"

스토 부인이 손나팔을 하고 토머스를 불렀다. 사람들은 스토 부인을 쳐다보지 않고 목화만 땄다. 딱 한 사람, 키 큰 남자만 빼고. 바로 토머스였다. 스토 부인을 보고 토머스가 다가왔다. 걸어오면서도 손으로는 목화 따기를 멈추지 않았다.

재인이는 토머스를 돕기 위해 솜을 따서 자루에 넣어 주려고 했다. 그러나 토머스는 재인이의 손을 막아 냈다.

"미안하다, 얘야! 우리는 날마다 똑같은 양의 목화를 따야 돼. 오늘 딴 목화가 어제보다 적으면 매를 맞고, 어제보다 많으면, 으음, 그때도 매를 먼저 맞겠구나. 그동안 게으름을 피웠다면서 말이야. 그러면 다음 날부터는 목화를 더 많이 따야 해. 마음은 고맙지만 지금은 돕지 않는 게 오히려 도와주는 거란다."

재인이는 가슴이 턱 막혔다.

"나를 돕고 싶으면 지금부터 독수리가 되어 보자. 날카로운 눈으로 농장 관리인이 오는지 살펴보렴. 채찍을 든 백인 남자가 나타나면 알려 다오. 그럼 부인과 내가 편하게 이야기할 수 있겠는걸."

토머스가 웃으며 말했다. 말하면서도 두 손으로는 계속 목화를 따고 있었다.

재인이는 밖으로 나가 관리인이 어디에서 나타나는지 살폈다. 스토 부인과 토머스의 두런대는 말소리가 들려왔다.

"기차역에 무슨 표시라도 있나요?"

"위층 창가에 등을 켜 놓습니다."

"신시내티에도 있어요?"

"그럼요! 오하이오 강을 건너는 화물이 얼마나 많은데요."

"어떻게 찾아가야 하나요?"

"조롱박을 따라서."

소곤대는 이야기는 작아서 알아듣기
힘들었다. 어쩌다 들리는 말도 비밀 암호
같았다. 재인이는 목을 빼고 열심히 망을 봤다.
멀리서 백인 남자의 모습이 나타났다.

남자는 재인이를 발견하고는 뚫어지게 쳐다보며 다가오고 있었
다. 토머스가 말한 농장 관리인이 틀림없었다.

"어어, 아줌마! 와요, 와요."

재인이가 두리번거리는 체하며 작은 소리로 소식을 알렸다. 그러
나 스토 부인과 토머스는 재인이의 말소리를 듣지 못하고 이야기에

열중했다. 농장 관리인이 수상한 눈치를 챌까 봐 목소리를 너무 작게 낸 때문이었다.

농장 관리인은 채찍을 손에 감으며 점점 다가왔다. 재인이는 스토 부인 쪽으로 갈 수도 없고, 농장 관리인이 온다는 말도 할 수 없어 애가 탔다. 농장 관리인이 수상한 낌새를 채고 달려와 채찍을 휘두를 것만 같았다.

얼마나 긴장을 했는지 그 버릇이 또 나왔다. 바지에 두 주먹 쓱쓱 문지르기. 주머니 쪽에서 뭔가가 걸렸다. 재인이가 씩 웃으며 큰 소리로 스토 부인을 불렀다.

"아줌마아!"

여섯 개의 눈동자가 재인이를 보았다. 재인이를 사이에 두고 스토 부인과 토머스, 농장 관리인이 마주 선 것이다. 재인이는 랜돌프 부인이 준 종이를 꺼내 흔들며 큰 소리로 말했다.

"랜돌프 부인이 준 선물 말이에요. 이거 달라고 하시면 안 돼요!"

앞뒤 사정을 눈치 챈 스토 부인도 큰 소리로 대답했다.

"걱정 마! 너에게 준 선물이잖아. 이 노예도 할머니의 아들이 아니라고 하네. 괜히 랜돌프 부인만 귀찮게 했어."

농장 관리인은 방향을 바꾸어 노예들이 일하는 쪽으로 갔다. 토머스도 서둘러 그쪽으로 갔다. 재인이는 토머스가 돌아서며 빙그레 웃는 것을 보았다.

"잘했어, 제인. 정말 잘했어."

마차로 돌아오며 스토 부인은 재인이를 칭찬했다. 재인이도 자기가 대견스러웠다. 따라오기를 잘했다는 생각이 들었다.

재인이와 스토 부인이 마차를 타려고 할 때였다. 랜돌프 부인이 통나무집 가까이로 빠르게 걸어오고 있었다.

"짐 크로!"

짐 크로가 통나무집에서 뛰어나오자 랜돌프 부인이 목소리를 높였다.

"게으른 놈! 뭘 했다고 낮잠이야?"

"아닙니다, 마님. 채소를 담는 바구니가 낡아서 고치고 있었어요."

짐 크로가 쩔쩔매는 모습을 보며 재인이는 마치 자기가 꾸지람을 듣는 기분이었다.

"짐 크로가 야단을 맞고 있어요."

"저 아이 이름은 짐 크로가 아니야. 짐 크로는 흑인을 얕잡아 부르는 이름이란다. 저 아이에게도 부모가 지어 준 이름이 있을 텐데."

스토 부인이 혀를 끌끌 찼다.

"으악!"

짐 크로, 아니 이름 모를 노예 소년의 비명이 들렸다. 랜돌프 부인이 등 뒤에 감추었던 채찍으로 아이의 등을 내리치며 계속해서 소리를 질렀다.

"잘못했습니다, 마님. 용서해 주세요."

아이는 두 팔로 제 머리를 감싸며 용서를 빌었다. 마치 목을 숨긴 거북이처럼 잔뜩 웅크려 작아진 아이를 보며 재인이의 몸도 함께 움츠러들었다.

"랜돌프 부인이 괜한 트집을 잡는 것 같아. 우리가 마음에 들지 않아서 저 아이에게 화풀이를 하나 보다. 빨리 떠나는 게 좋겠어."

스토 부인이 마부에게 출발하자고 말했다.

재인이와 스토 부인은 아무 말도 하지 않았다. 마차가 덜컹거릴 때마다 이리저리 흔들리며 생각에 빠져 있었다. 사이 나쁜 사람들처럼, 나란히 앉아서도 서로 다른 곳을 보고 있었다.

재인이는 겁먹은 소년의 얼굴이 잊히지 않았다. 그리고 수정이를

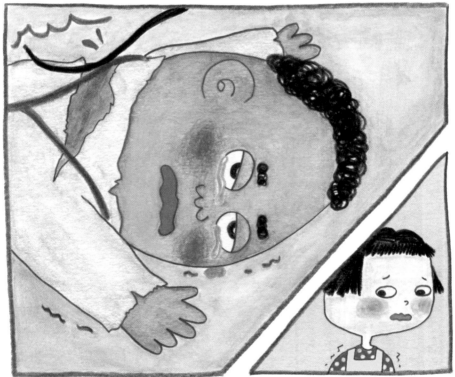

떠올렸다. 늘 기죽어 있는 수정이도 어쩌면 눈에 보이지 않는 채찍을 맞고 있던 것일지 모른다. 어디서 날아올지 모르는 무시와 비웃음이라는 채찍.

마차에서 내려 오하이오 강에서 배를 기다릴 때, 스토 부인이 물었다.

"제인, 왜 아무 말도 하지 않아? 많이 놀랐니?"

"네, 놀랐어요. 사실은 저도 노예라는 말을 아무렇지 않게 써 왔어요. 그 말이 이렇게 슬픈 줄도 모르고요."

"나도 너만 할 때는 아무것도 몰랐단다. 흑인들과는 함께 놀지도 않았고 심지어 우리 아버지는 노예 제도를 찬성하기도 했어."

스토 부인이 강물을 바라보며 쓸쓸히 말했다. 재인이도 이럴 때 어떤 말을 해야 좋을지 몰라 그저 강물만 바라보았다. 가라앉은 분위기를 바꾸기 위해 스토 부인이 말머리를 돌렸다.

"참! 아까 토머스랑 무슨 이야기를 했는지 아니?"

"암호 같아서 무슨 뜻인지 모르겠어요."

"지하 철도에 대한 이야기였어."

"지하 철도요?"

"노예들의 탈출을 도와주는 비밀 모임이야. 들키면 안 되니까 암호로 부르는 거지. 지하 철도를 이용해서 쥬바를 캐나다로 보낼 생각이야. 그곳은 노예 제도가 없는 자유의 나라거든."

스토 부인이 지하 철도에 대해서 자세히 설명해 주었다. 노예의 탈출을 돕는 사람을 역장, 그들의 집을 기차역, 노예는 화물이라 부른다고 했다. 재인이는 목화 농장의 토머스가 '오하이오 강을 건너는 화물이 많다'고 한 게 떠올랐다. 지금 눈앞에 있는 이 강을 건너 탈출하는 사람이 많다는 말이었다.

"기차역이 어디에 있는지는 아세요?"

"조롱박을 따라서 북쪽으로 가라고 했는데 쉽게 찾을 수 있을지 모르겠네."

"조롱박은 또 뭐예요?"

"아! 북두칠성이라고 해야 하나? 북두칠성을 찾으면 북쪽을 가리키는 북극성도 쉽게 찾을 수 있으니까 밤에 조롱박을 따라가라고 하는 거야."

스토 부인은 노예들이 북쪽으로 탈출한다고 말해 주었다. 미국 남쪽의 도시에는 노예 제도가 남아 있고 북쪽의 도시는 노예 제도를

없앤 곳이 많았기 때문이다. 캐나다로 가려고 국경을 넘는 사람도
많았는데 캐나다 역시 미국보다 북쪽이었다.

"내일 낮에 기차역을 찾아보려고 해. 그러고 나서 며칠 뒤 밤에 쥬
바를 데려다줄 계획이야. 제인, 내일 나와 함께 가 주겠니?"

"당연히 같이 가야죠."

재인이의 대답이 우렁찼다.

"고마워. 내 행운의 요정."

스토 부인의 칭찬에 재인이의 어깨가 쭉 펴졌다.

"참, 제인. 아까 랜돌프 부인이 준 선물이란 게 뭐니?"

재인이는 주머니에서 종이를 꺼내 스토 부인에게 주었다. 농장 관리인 앞에서 흔들어 보이기는 했지만 재인이도 아직 펼쳐 보지는 않았다.

"세상에, 이걸 선물이라고 주다니."

스토 부인이 어이없다는 듯 말했다.

"뭔데요?"

"제인 가너라는 사람의 자유인 증서야. 노예에서 해방시켜 준다는 내용이 적혀 있어. 선물이 아니라 네 이름을 갖고 놀린 거야. 마음에 들지 않으면 버리렴."

"괜찮아요. 미국에 온 기념으로 갖고 갈게요."

재인이는 종이를 주머니에 다시 넣었다. 드디어 강 건너편에 사공이 나타났다. 스토 부인이 벌떡 일어나 손을 흔들며 말했다.

"이제 요단 강을 건너 볼까?"

"요단 강이라고요? 오하이오 강이라면서요?"

"노예들은 이 강을 빗대어 요단 강이라고 불러. 요단 강은 천국으로 갈 때 반드시 건너야 하는 강이거든."

재인이도 들어서 알고 있었다. 요단 강 너머 천국은 죽음이라는 또 다른 뜻도 있다는 것까지. 탈출에 성공하면 천국으로, 실패하면 죽음으로 안내하는 강이 평화롭게 흘러가고 있었다.

5. 조롱박을 따라 북쪽으로

집으로 돌아오니 어둑한 저녁이었다. 스토 부인은 알려 줄 것이 많다면서 곧장 쥬바의 집으로 갔다. 재인이도 따라나섰다.

쥬바가 조심스레 문을 열었다. 집 밖을 마음대로 나다닐 수 없게 된 쥬바는 낮에도 집 안에 갇혀 있다시피 했다.

"켄터키에 가서 믿을 만한 사람에게 기차역의 위치를 알아 왔어요. 쥬바를 그곳까지 데려다줄게요. 그곳 역장한테 캐나다에 보내 달라고 하세요. 우리는 며칠 뒤 달이 뜨지 않는 밤에 출발하기로 해요."

"더 빨리 떠나고 싶어요. 지금은 달이 점점 기울고 있으니 괜찮을 거예요."

스토 부인은 일부러 캄캄한 밤을 골랐지만 쥬바는 한시가 급했다.

"쥬바의 마음은 알지만 아직 확인할 게 있어요. 역의 위치를 정확히 몰라서 내가 먼저 가 보려고 해요."

스토 부인과 쥬바의 의견이 맞지 않아 이야기가 길어졌다. 그때 밖에서 컹컹 개 짖는 소리가 났다. 커튼 사이로 밖을 내다보던 쥬바가 창문에서 얼른 떨어지며 떨기 시작했다.

"시내에서 만났던 사냥꾼들이에요. 스토 부인, 어떡해요?"

"쥬바, 당황하지 말고 지금은 문을 열어 줘요. 내가 도울 수 있을 거예요. 아무 일 없다는 듯이 침착하게 말해요."

문 두드리는 소리가 나자 쥬바가 문을 열었다. 백인 남자 두 명이 현관에 서 있는 게 보였다. 배가 나온 남자는 개의 목줄을 잡고 있고, 콧수염이 난 남자는 현관 앞에서 권총 주머니에 손을 댄 채 서 있었다.

"신분증 좀 봅시다."

"왜 내 신분증을 보려고 하죠?"

"지금 법 집행을 하고 있으니 시키는 대로 해. 도망 노예인지 아닌지 확인하려는 거니까."

쥬바는 어찌할 줄 모르고 서 있었다. 콧수염 남자가 현관을 발로 툭툭 차며 말했다.

"며칠 전 시내에서 만났을 때는 어쩔 수 없이 물러났지만 오늘은 상황이 달라졌어. 당신이 자유인이라는 증거를 대지 못하면 저 백인 여자도 도망 노예를 도와준 죄로 처벌받을 거야. 이 기회를 잡으려고 며칠을 기다렸지."

콧수염 남자가 스토 부인을 턱으로 가리켰다. 쥬바는 오들오들 떨고 있었다. 버티면 스토 부인까지 위험해질지도 몰랐다. 그야말로 옴짝달싹할 수 없는 함정이었다. 쥬바는 스토 부인과 재인이를 돌아보며 작게 말했다.

"내가 붙잡혀 갈게요."

울 것 같은 쥬바를 제치며 재인이가 앞으로 나섰다. 그러고는 주머니에서 종이를 꺼내 흔들었다.

"여기 있어요! 이 아줌마의 자유인 증서예요."

"이 꼬마는 누구신가? 남자 옷에 여자 목소리라니 우습군그래."

콧수염 남자가 증서는 거들떠보지도 않고 피식피식 웃었다.

"여자의 바지는 이제 곧 유행이 될 거예요. 아멜리아 블루머라는 아줌마도 바지를 입고 다닌다고 신문에 나왔어요. 아저씨는 신문도 안 읽어요?"

콧수염 남자가 움찔했다. 신문을 읽을 줄 알다니 만만히 볼 꼬마가 아니라는 생각이 들었다. 흑인이나 신분이 낮은 사람은 글자를 배우지 않던 때였다. 콧수염 남자가 재인이의 손에서 증서를 빼앗아 들여다보더니 쥬바에게 물었다.

"이름이 뭐지?"

"쥬, 쥬바요."

콧수염 남자가 피식거리며 말했다.

"그러면 그렇지. 여기 쓰인 이름하고 다르잖아."

"아프리카 이름이에요!"

쥬바가 다급하게 소리쳤다.

"쥬바는 아프리카 이름이라고요. 미국 이름은 따로 있어요."

"그래? 그게 뭔데?"

"그건……."

쥬바는 쉽게 대답하지 못했다. 재인이가 쥬바의 치마를 살며시 잡아끌며 콧수염 남자 몰래 자기 가슴 쪽을 톡톡 쳐 보였다.

"빨리 말해. 이 종이에 쓰인 이름. 아니 당신의 미국 이름!"

"……제인."

쥬바가 우물쭈물하며 말했다. 콧수염 남자가 증서와 쥬바를 번갈아 보며 얼굴을 구겼다. 쥬바는 그 표정을 놓치지 않고, 자신감 넘치는 목소리로 말했다.

"제인! 내 이름은 제인이에요."

쥬바의 말이 끝나자마자 스토 부인이 거들고 나섰다.

"이제 아셨나요? 이 사람의 이름은 제인 가너. 노예 신분에서 해방된 자유인이죠."

콧수염 남자는 증서를 쥬바의 발치에 휙 던지고 등을 돌렸다. 콧수염 남자는 마당에 있던 배 나온 남자와 뭐라고 이야기를 하더니 쥬바의 집을 완전히 떠났다.

"사냥꾼들이 냄새를 맡았으니 또 올 거야. 쥬바, 오늘 당장 출발할 수 있어요?"

쥬바는 마치 기다렸다는 듯이 손가방을 가져왔다. 한 손으로 들수 있는 헝겊 가방 하나. 그게 짐의 전부였다.

아무도 몰래 해야 하는 일이라 스토 부인이 직접 마차를 몰았다.
숲길은 울퉁불퉁했고 스토 부인은 말을 모는 데 서툴렀다. 마차가
심하게 덜컹거렸다. 그때마다 재인이와 쥬바는 엉덩이에 용수철을
매단 것처럼 위로 튀어 올랐다. 엉덩이는 떨어져 나갈 듯이 아팠고
속도 울렁거렸다. 그러나 두 사람은 어이쿠 소리조차 내지 않았다.

컴컴한 숲은 무서웠다. 나무들은 손이 여러 개 달린 괴물처럼 가
지를 늘어뜨렸고 날짐승, 들짐승은 여기저기서 울어 댔다. 소리가
날 때마다 쥬바는 깜짝깜짝 놀라며 주변을 살폈다. 재인이도 무섭

기는 마찬가지였다. 그래서 몸을 쥬바에게 바짝 붙이며 이것저것 물었다.

"쥬바라는 이름이 정말 아프리카 이름이에요?"

"응, 월요일이란 뜻이야. 부모님이 나를 월요일에 낳으셨거든."

"쥬바 아줌마 고향이 아프리카예요?"

"아니, 나는 미국에서 태어났어. 우리 부모님도 미국에서 태어났고."

"그런데 왜 아프리카 이름을 써요?"

"증조할아버지의 고향이 아프리카거든. 노예 무역선을 타고 미국까지 오셨지. 살아남은 게 기적이라고 하셨어."

"무역……."

재인이는 무역이라는 말을 가만히 따라 했다. 무역은 물건을 사고파는 일이다. 그러니까 노예를, 아니 사람을 물건처럼 사고팔았다는 뜻이다. 쥬바는 노예 무역에 대한 이야기를 들려주었다. 쥬바는 아버지에게, 아버지는 할아버지에게, 할아버지는 증조할아버지에게 전해 들은 이야기라고 했다.

"아프리카 주민들은 어느 날 갑자기 나타난 백인들에게 잡혀서 영문도 모른 채 해안가까지 끌려갔어. 전쟁에서 진 부족들이 팔려 오기도 했지. 마치 죄인처럼 줄줄이 묶인 채로 끌려와서 좁디좁은 감옥에 갇혔어. 그곳에서 죄수처럼 지내다가 노예 무역선이 나타나면 배에 실렸지. 타는 게 아니고 실린 거야. 배 안에 짐칸을 층층이 만들어 놓고 쇠사슬로 묶은 흑인들을 나란히 눕게 했거든. 바다를 건너는 동안 병에 걸려 죽는 사람이 많았기 때문에 한 사람이라도 더 태우려고 칸을 비좁게 만들었어. 노예 무역선 안에서 흑인은 사람이 아니고 짐짝이었던 거야."

재인이는 쥬바가 하는 이야기에 그저 멍해졌다. 상상도 해 보지 못한 비참한 그림이 눈앞에 떠올랐다. 아프리카 이야기를 괜히 꺼냈다는 생각이 들 정도였다.

"어떻게 사람한테······. 어떻게 그런 일이······."

말을 잇지 못하는 재인이의 손을 쥬바가 꼭 잡아 주었다.

덜컹대던 마차가 멈추고 스토 부인이 뒤쪽으로 왔다.

"이 정도 왔으면 누가 따라오지는 않겠죠? 북쪽으로 가고 있는 게 맞는지 확인도 할 겸 잠시 쉬었다 가요. 긴장을 했더니 온몸이 나무토막처럼 딱딱해졌어요."

쥬바가 가방 안에서 도자기 물병을 꺼냈다. 부모님이 쓰던 물건이라고 했다.

"마실 물 좀 떠 올게요. 스토 부인은 제인이랑 불을 피우고 기다리세요. 몸이 굳었을 때는 따뜻한 게 가장 좋아요."

"쥬바, 캄캄해서 위험해요."

"걱정 마세요. 저는 어둠에 익숙하니까요."

스토 부인이 말렸지만 쥬바는 고집을 꺾지 않았다. 물소리를 들었다며 어둠 속으로 사라졌다. 재인이가 긁어 온 나뭇가지와 나뭇잎

에 스토 부인이 성냥불을 붙였다. 불이 활활 타오르면서 몸과 마음
이 따뜻해졌다. 불길 사이로 보이는 스토 부인의 얼굴이 박물관에
서 본 불상처럼 인자해 보였다.

"아줌마는 이렇게 위험한 일을 왜 하세요? 아줌마하고 아무 상관도 없잖아요."

재인이가 불쑥 물었다.

"제인은 왜 나하고 쥬바를 돕니?"

"그건……."

"무엇이 옳은지 알기 때문이 아닐까? 사람은 누구나 귀하게 태어났어. 피부색이 다르고 사는 곳이 다르다고 해서 차별하거나 함부로 대하는 건 옳지 않아. 나는 옳지 않은 걸 옳지 않다고 말할 뿐이야. 소설을 쓰려는 이유도 똑같아. 노예 제도가 얼마나 끔찍한지 모르는 사람들한테 이건 옳은 일이 아니라고 알려 주고 싶어."

스토 부인이 나뭇가지로 불을 뒤적거리며 말했다. 재인이는 하늘을 올려다보았다. 북두칠성 일곱 별이 반짝이고 있었다. 북두칠성에서 조금 위쪽을 살피면 더 크게 빛나는 별이 보였다. 자유를 찾아 탈출하는 노예들에게 등대이자 나침반인 북극성이었다.

"가만, 무슨 소리가 들리지 않니?"

한참 별을 보고 있는데 스토 부인이 긴장하며 물었다. 숨을 죽이고 귀를 기울이니 여러 소리가 섞여 들려왔다. 불이 탁탁대는 소리, 낮

선 새 울음소리, 졸졸거리는 물소리, 그리고 말의 거친 숨소리…….

"히히힝."

갑작스런 말 울음소리에 재인이와 스토 부인이 동시에 고개를 돌렸다.

"어머! 저 사람은……."

둘은 너무 놀라서 얼어붙고 말았다. 하얀 말 위에서 한 사내가 뛰어내리는 게 보였다. 쥬바의 집에서 본 사람이었다. 개의 목줄을 잡

고 마당에 서 있던 배 나온 노예 사냥꾼. 말달리는 소리를 죽여 가
며 뒤를 따라온 모양이었다.

"이럴 줄 알았지. 내 친구는 무슨 증서를 봤다고 했지만 난 믿지
않았어. 그 정도야 얼마든지 꾸밀 수 있으니까. 그런데 내 돈주머니
는 어디로 갔나? 도망친 노예 말이야."

“무슨 소리예요? 여긴 우리 둘뿐이에요.”

스토 부인이 자리에서 일어나며 말했다.

“둘뿐이라고? 흥. 백인 여자랑 아시아 꼬마가 금덩이라도 찾아 나서는 건가? 이렇게 캄캄한 밤에?”

노예 사냥꾼은 스토 부인과 재인이에게 총을 겨누며 다가왔다.

스토 부인이 다급하게 외쳤다.

“잠깐만요. 진정하고 나랑 이야기 좀 해요. 당신도 가슴이 따뜻한 사람이죠? 그러니 알 거예요. 노예도 우리와 똑같은 사람이라는 걸요.”

“허튼소리 하지 마. 노예 제도는 법으로 정해 놓은 일이야. 그러니 당신도 정신 차려! 여자가 집에나 얌전히 있을 일이지 왜 나서서 노예 해방이니 뭐니…… 윽!”

노예 사냥꾼이 휘청거리더니 땅바닥에 무릎을 꿇으며 쓰러졌다. 무언가 와장창 깨지는 소리가 난 뒤였다.

6. 숲 속의 기차역

"여자하고 흑인이 뭐가 어떻다는 건데?"

노예 사냥꾼의 뒤에서 쥬바가 소리쳤다. 쥬바는 사냥꾼이 놓친 총을 재빨리 집어 들고 사냥꾼의 등에 바짝 갖다 댔다.

"바닥에 엎드려."

사냥꾼이 끙 소리를 내며 바닥에 납작 엎드렸다.

쥬바는 물을 떠 오다 남자의 목소리를 듣고 살금살금 다가오던 참이었다. 노예 사냥꾼인 것을 확인하고는 뒤에서 물병으로 내리치며 발로는 무릎 뒤를 걷어찼다.

"제인, 이 자의 말을 쫓아 버려. 그리고 스토 부인은 어서 마차에 올라타요."

쥬바는 용감했다. 악당으로부터 사람들을 구해 내는 영웅 같았다.
재인이는 나무에 묶인 말고삐의 매듭을 찾아 풀기 시작했다. 손이
떨려 쉽지 않았다. 간신히 고삐를 풀었지만 말은 제자리에서 꼼짝
도 하지 않았다.

"가란 말이야. 어서 가."

재인이가 궁둥이를 힘껏 때리자 말이 숲 속으로 달리기 시작했다.

"제인, 쥬바. 어서 타요!"

스토 부인이 마차 위에서 소리쳤다.

"불! 아줌마 잠깐만요. 불을 꺼야 해요."

재인이가 사그라지는 불꽃을 발로 밟아 껐다. 그런 뒤 쥬바에게로 가서 손을 잡아끌었다. 쥬바는 재인이의 손을 잡고 힘껏 달려 마차에 올랐다. 뒤돌아보니 노예 사냥꾼이 바닥에서 일어나 마차로 달려오고 있었다.

"이랴!"

마차가 달렸다. 노예 사냥꾼을 따돌리고 바람처럼 달렸다. 조롱박을 따라 북쪽으로 힘차게 달렸다. 별이 반짝거렸다. 마차에 탄 사람들의 사정을 아는지 모르는지 까만 하늘에서 뽐내듯이 반짝였다.

마차는 한참을 달려 숲 속의 어느 집 앞에서 멈추었다.

"다 왔어. 저 집이 기차역인 것 같아."

스토 부인이 어둠 속의 한 집을 가리켰다. 이층 창문에 등불이 환하게 켜져 있었다.

"아니면 어떡하죠, 아줌마?"

"창문에 켜진 불이 암호라고 했어. 하지만 혹시 모르니까 가서 확인해 보고 올게. 쥬바, 눈에 띄지 말고 숨어 있어요."

쥬바가 스토 부인의 팔을 세게 잡아당겼다.

"내가 앞장설게요."

"무슨 소리예요, 쥬바? 앞장을 선다니요? 저곳이 기차역이 아니면 일을 망칠 거예요."

"이건 내 일이에요. 더 이상 여러분을 위험에 빠뜨릴 수 없어요."

쥬바는 달라져 있었다. 두려움에 덜덜 떨던 모습은 찾을 수 없었다. 스토 부인은 끝까지 말렸지만 쥬바는 듣지 않았다. 결국 쥬바가 앞장서고 재인이와 스토 부인은 그 뒤를 따라 현관까지 갔다.

쥬바가 숨을 고르더니 문을 똑똑 두드렸다. 한참 만에 삐걱하고 문이 열렸다. 수염이 덥수룩한 백인 남자가 등불을 들고 나타났다. 세 사람은 먹이를 기다린 아기 새들처럼 간절한 얼굴로 남자를 쳐다보았다. 남자가 벙시레 웃으며 말했다.

"보아하니 내 화물인 것 같군요."

세 사람은 누가 먼저랄 것도 없이 안도의 숨을 몰아쉬며 가슴을 쓸어내렸다.

"이러고 있을 틈이 없어요. 화물은 빨리 안으로 들어오고 배웅 나온 사람들은 이제 그만 돌아가요."

남자, 아니 역장이 쥬바를 안으로 끌어들였다. 그러나 쥬바는 다시 밖으로 나와 재인이와 스토 부인을 차례로 안았다.

"제인! 용감한 내 친구. 정말 고마워. 스토 부인! 당신의 친절 잊지 않을게요."

문이 닫혔고 쥬바와 역장은 안으로 사라졌다.

아침이 한참 지나서야 집으로 돌아왔다. 스토 부인과 재인이는 녹초가 되어 있었다. 그러나 머릿속에는 온통 쥬바 생각뿐이었다.

"아줌마, 쥬바가 무사히 탈출할까요?"

"솜씨 좋은 역장이라니까 믿어 보자꾸나. 기차를 탔으니 쥬바는 이제 자유의 땅으로 갈 거야. 그러니 쥬바 걱정은 그만두고 가서 잠이나 자 두렴. 밤을 꼬박 새며 화물을 날랐으니 얼마나 피곤할까?"

"아줌마도요. 아줌마도 좀 주무세요."

"그래. 노예 사냥꾼은 걸어오고 있을 테니 며칠 동안은 조용할 거야. 그러니 오늘은 아무 생각 말고 잠이나 자자."

재인이는 침대에 눕자마자 잠에 빠졌다. 세상모르고 얼마를 잤을까. 밖에서 시끄러운 소리가 들려왔다. 쥬바의 집에서 만났던 콧수염 남자가 스토 부인과 실랑이를 벌이고 있었다. 숲에 버려두고 온 사냥꾼의 친구였다.

"흑인 여자도 안 보이고 내 친구도 안 보이는군요. 나는 부인이 이 일에 대해서 뭔가 알고 있을 거라고 생각하는데, 두 사람은 지금 어

디 있죠?"

"그 사람들을 왜 나한테 와서 찾아요? 우리는 모르는 일이니 그만 돌아가요."

"잠깐, 잠깐! 우리라고 하셨나? 부인 말고 이 일에 엮인 사람이 또 있다는 소리인데, 아시아에서 온 꼬마겠지. 맞지?"

콧수염 남자가 물고 늘어지자 스토 부인이 단호하게 말했다.

"왜 남의 집에 와서 행패를 부리는 거예요? 자꾸 이러면 보안관을 부르겠어요."

콧수염 남자는 스토 부인을 한참 동안 노려보더니 어쩔 수 없다는 듯이 발길을 돌렸다. 남자가 돌아가고 난 뒤 스토 부인이 재인이의 방으로 뛰어 들어왔다.

"제인, 집으로 돌아가자. 이곳은 너무 위험해."

"하지만 교실지기는 제가 임무를 마쳐야 돌아갈 수 있다고 했어요."

"네 임무는 성공적으로 끝났어."

"네?"

"몇 번이나 나를 위험에서 구했잖아. 그것뿐만이 아니야. 소설도 꼭 써야겠다고 결심했어. 이렇게 자그마한 어린이도 다른 사람을 위해 용기를 내는데 머뭇거릴 이유가 없어. 이번에 새로운 이야깃거리도 많이 얻었고 말이야. 그러니 어서 돌아갈 준비를 해."

"노예 사냥꾼이 또다시 찾아올 텐데 아줌마는 어떡해요?"

"이사를 가면 돼. 안 그래도 남편의 일 때문에 다른 도시로 이사할 계획이었어. 내 걱정은 말고 제인이나 서둘러. 강까지 가야 해."

스토 부인은 제인이를 마차에 태우고 오하이오 강으로 왔다. 잔잔한 강물 위에 뗏목이 흔들리고 있었다. 뗏목은 물결을 따라 앞으로 조금씩 나아가는 중이었다.

"뗏목 위로 올라가서 눈을 꼭 감아. 그럼 집으로 돌아갈 수 있다고 교실지기가 말했어."

정말 돌아갈 수 있을까 의심이 들었지만 제인이는 스토 부인과 교실지기를 믿기로 했다.

"참, 아줌마!"

재인이가 뗏목 위로 뛰어오르려다 말고 물었다.

"혹시 책 제목은 생각해 두셨어요?"

"아니, 아직."

"그럼 주인공은요? 이름이 뭐예요? 뭐 하는 사람이에요?"

집으로 돌아가서 스토 부인이 쓴 책을 찾아 읽으려면 제목이나 주인공 이름쯤은 알아야 했다. 스토 부인이 잠시 생각하더니 말했다.

"주인공은 마음씨 좋은 흑인 아저씨야. 이름은 랜돌프 농장에서 만난 토머스의 이름을 따서 지을까 해. 마음씨 좋은 아저씨니까 주변에서는 '톰 아저씨'라고 친근하게 부르겠지? 노예들이 쉬는 오두막도 이야기에 넣고 싶어. 너처럼 착한 어린이도 등장시키고, 오하이오 강을 무사히 건너는 사람들 이야기도 쓸게."

'흑인 아저씨, 톰, 오두막…….'

문득 떠오르는 제목이 있었다.

'톰 아저씨의 오두막!'

"제인, 내가 잘 쓸 수 있을까? 사람들이 내 책에 관심을 가질까?"

"그럼요! 아줌마는 세상을 뒤흔들 좋은 책을 쓰실 거예요."

재인이가 자신 있게 말했다. 아직 읽어 보지는 않았지만 재인이도 제목쯤은 들어서 알고 있다. 수백 년이 지나서까지 읽히는 책이라면 사람들의 관심을 끌고도 남았다는 뜻이다.

"어서 가. 뗏목이 점점 밀려나고 있어."

재인이는 뒤로 물러났다가 힘껏 달려 나가 뗏목 위로 풀쩍 뛰어올랐다. 뗏목이 재인이의 몸무게를 견디지 못하고 물속으로 잠겼다.

"제인! 눈을 감아!"

재인이는 눈을 꼭 감으며 쪼그려 앉았다. 뗏목이 물 위로 떠오르더니 빙글빙글 돌고 있었다. 눈을 감고도 느낄 수 있었다.

7. 톰 아저씨의 오두막

눈을 번쩍 떴다. 재인이는 자기 반 교실, 자기 자리에 앉아 있었다. 교실지기를 또다시 만나게 될 줄 알았는데 교실은 텅 비어 있었다. 인사도 제대로 하지 못한 게 못내 서운했다. 아쉬움을 떨쳐내고 자리에서 일어났다. 교실 문 가까이에 학급 도서 책꽂이가 있었다.

재인이는 손가락으로 책등을 훑으며 제목들을 살폈다.

'역시 있었어.'

《톰 아저씨의 오두막》 - 해리엇 비처 스토 지음

재인이는 책을 당장 읽어 보기로 했다. 스토 부인이 어떤 이야기를 썼을지 너무나 궁금했다.

책을 빌리려면 대출 공책에 이름과 책 제목을 적어야 한다. 재인이는 선생님 책상에서 대출 공책을 찾다가 원고 뭉치를 발견했다. 수정이가 쓴 원고가 가장 위에 있었다.

제목 : 우리 엄마는 놀림 천사

우리 엄마는 필리핀 사람이다. 한국말을 못한다고
놀림을 받지만 엄마는 필리핀 사람이니까
한국말을 잘하지 못하는 게 당연하다.
그래도 우리 식구들은 말이 잘 통한다. 한국말뿐 아니라
영어로도 얘기하고 필리핀 말로도 한다.
엄마는 필리핀 사람이지만 나는 한국 사람이다.
한국에서 태어났고 한국말도 잘한다. 그런데 엄마는
한국 사람인 나보다 착하고 친절하다. 1층에 사는
엄마 없는 철아에게 필리핀 음식도 만들어 준다.
나는 철아가 장난을 많이 쳐서 미워하는데
우리 엄마는 철아를 사랑해 준다. 우리 엄마는 천사다.
놀림 천사지만 나에게는 참 예쁜 천사다.

헛소문이었다. 3학년이나 된 아이가 맞춤법도 틀리더란 말은 사실이 아니었다. 맞춤법은 어디 하나 틀린 곳이 없었고 글씨도 가지런했다. 글은 그리 잘 쓴 것 같지 않았지만 슬며시 미소 짓게 만드는 힘이 있었다.

재인이는 글 속에서 당당한 수정이와 마음이 따뜻한 수정이 엄마를 만날 수 있었다. 글쓰기 대회에 대표로 뽑혀 나갈 만하다는 생각이 들었다.

재인이는 《톰 아저씨의 오두막》을 꼭 끌어안고 밖으로 나왔다. 은호와 헤어졌던 곳, 현수막이 내걸렸던 곳까지 왔다. 혹시 또 다른 현수막이 나타나지는 않을까 한참을 지켜보았지만 아무 일도 일어나지 않았다.

"야, 야! 우리 게임 한 번만 하고 가자."

"난 영어 학원 가야 돼."

왁자지껄한 아이들의 소리가 들려왔다. 태권도복을 입은 아이들이 계단에서 쏟아져 나오고 있었다.

그 속에 은호가 있었다.

"은호야!"

재인이가 반갑게 부르자 은호가 쭈뼛거리며 다가왔다.

"여태 집에 안 갔냐? 외숙모가 왜 빨리 안 오냐고 하시던데."

"지금이 오늘이야?"

"그게 무슨 소리야?"

은호가 어이없다는 표정을 지었지만 재인이는 그저 씩 웃기만 했다. 미국에서 나흘이나 있다 왔는데 떠나던 그날로 돌아온 게 신기할 뿐이었다.

"재인이 너 이상하다. 어디 아프니?"

"아니, 멀쩡해. 그리고 은호야!"

은호가 멈칫했다.

"겁먹긴. 이제 너 해방이야!"

"뭐라고?"

"그거 말이야. 이제 하지 말라고."

"뭘 하지 마?"

재인이는 차마 노예라는 말을 입 밖에 내기도 미안했다.

"으이그, 답답이. 이제부터는 너 괴롭히지 않겠다고. 그동안 미안!"

"어디서 외계인이라도 만났냐? 갑자기 착해졌네. 뭐, 나야 좋지만."

은호가 가슴을 떠억 펴고 걸었다. 재인이는 그 뒤를 졸졸 따라 걸었다. 은호의 널찍한 등이 당당하고 듬직해 보였다. 가을볕이 따뜻한 오후였다.

교실지기의
특별 수업

 # 인권의 세계사

도대체 인권이 뭐예요?

"어린이들은 학교에 가기를 싫어해요. 그러니 어린이들의 인권을 존중하는 의미에서 모든 초등학교의 문을 닫고, 어린이들을 어른이 하나도 없는 무인도로 보내 1년 동안 실컷 놀게 합시다."

누군가 텔레비전에 나와서 이런 주장을 한다면 여러분은 "야호!" 소리를 내며 좋아할 건가요? 안 돼요. "어른들이 왜 우리 권리를 빼앗아요?" 하고 오히려 화를 내야 해요. 아직 어리고 약한 어린이는 어른들의 보호를 받아야 하고, 학교에 다니며 앞으로 살아가는 데 필요한 지식과 지혜를 배워야 하니까요. 그런데 학교 문을 닫고 어린이를 위험한 무인도에 보내다니, 그건 여러분의 배울 권리, 어른으로부터 보호받을 권리를 빼앗는 일이잖아요.

'권리'에 대해서 조금 더 자세히 알아볼까요?

권리는 다른 사람의 눈치를 보지 않고 당당하게 주장할 수 있는 것이에요. 앞서 말한 대로 어린이에게는 교육받을 권리, 어른과 사회로부터 보호받을 권리가 있어요. 차별받지 않을 권리, 폭력이나 학대를 받지 않을 권리, 건강하게 자라날 권리 등도 있지요. '인권'이란 인간으로서 당연히 갖는 기본적인 권리를 말하는 것으로, 이 세상에 태어난 모든 사람이 원래부터 갖고 있는 것이에요. 사람이기 때문에 누릴 수 있는 권리는 누구에게나 있어요. 나의 인권만 중요한 게 아니라 남의 인권도 존중해야 한다는 뜻이에요. 우리는 권리를 빼앗겨도 안 되고, 남의 권리를 빼앗아도 안 돼요.

역사 속의 인권

인권은 소중한 가치이지만, 처음부터 그 중요성을 인정받은 건 아니었어요. 많은 사람이 오랜 세월 동안 노력하고 싸워서 얻어 냈지요. 역사 속에서 인권의 발달에 영향을 준 사건들은 어떤 것이 있는지, 인권의 발달을 위해 사람들은 어떤 노력을 했는지 알아보아요.

세계 최초의 인권 선언, 키루스 실린더

1879년, 이라크 바빌론 지역의 고대 신전 벽에서 흙으로 만든 원통이 발견됐어요. 고대 페르시아 왕국을 세운 키루스 2세가 왕위에 오르면서 발표한 문서였어요. 원통 겉면에 쓰인 쐐기 문자의 뜻을 풀어 보니 '주민들의 생활 수준을 높인다.', '여러 민족의 종교를 인정한다.', '포로로 끌려온 사람들을 돌려보낸다.' 등의 내용이었어요.

이 원통은 키루스 왕의 사상을 담은 실린더(속이 빈 원통을 일컫는 말)라고 해서 '키루스 실린더'라고 불러요. 주민은 물론 포로들의 인권까지 보장한 세계 최초의 기록이라고 알려져 있어요.

영국 런던 대영 박물관에 전시되어 있는 키루스 실린더

인권 사상의 출발, 영국의 마그나 카르타

1215년 6월, 영국의 존 왕은 귀족들이 지켜보는 가운데 한 장의 문서에 서명을 했어요. 이 문서의 이름은 '마그나 카르타', 또 다른 말로는 '대헌장'이라고 불러요.

중세 시대 유럽의 왕들은 절대적인 권력을 휘둘렀어요. 왕이 신과 같다며 재판도 마음대로 하고 세금도 마음대로 거두었어요. 왕의 명령에 따라야만 했던 귀족들은 불만이 컸어요. 특히 영국에서는 존 왕이 프랑스와 오랜 전쟁 끝에 영토를 빼앗기고 세금까지 무겁게 물리자, 귀족들이 들고일어났어요. 왕의 힘은 줄이고 귀족들의 권리는 보장해 달라고 요구했지요. 왕은 나라의 일을 결정할 때는 귀족의 허락을 받고, 재판 없이 사람들을 체포하지 않겠다는 약속을 문서로 만들어 주었어요. 비록 귀족들의 요구로 만들었지만 마그나 카르타는 인권 보호를 문서로 만들었다는 데에 큰 의미가 있어요. 마그나 카르타는 훗날 영국 헌법과 세계 주요 인권 선언문의 밑거름이 되었어요.

마그나 카르타에 서명하는 존 왕

평등을 보장한 미국 독립 선언서

1776년 7월 4일, 미국 13개 주(州)*의 대표자들이 필라델피아에 모였어요. 영국의 식민 지배를 받던 미국은 이날 '독립 선언서'를 발표하며 나라의 독립을 세상에 알렸어요. 미국의 독립 선언서에는 인권 발

* 주(州)는 미국의 가장 큰 행정 구역으로 대표는 주지사가 맡고 있다.

전에 크게 이바지하는 내용이 들어 있었어요.

"모든 사람은 평등하게 태어났으며 조물주는 누구에게도 양보할 수 없는 권리를 우리에게 주었다. 그중에는 삶, 자유와 행복의 추구도 들어 있다."

자유와 행복을 찾을 권리와 평등을 선언한 미국 독립 선언서는 인권의 역사에서 매우 중요하게 다루어지고 있으며, 이후 다른 인권 선언문에도 큰 영향을 주었어요. 그러나 당시 사회적 문제이던 흑인 노예의 인권에 대해서는 정치적인 이유로 다루지 않았어요.

식민지 대표자들이 독립 선언서 초안을 제출하는 모습

'인권'이란 말을 처음 사용한 프랑스 혁명

"우리에게 빵을 달라. 아이들이 굶주리고 있다."

1789년 7월 14일, 파리의 성난 시민들이 구호를 외치며 바스티유 감옥을 공격했어요. 흉작으로 모두가 굶주리는데 왕과 왕비는 날마다 파티를 벌이며 국가 경제를 휘청거리게 하니 시민들이 모두 일어선 거예요. 프랑스 혁명의 시작이었지요.

바스티유 감옥을 습격하는 프랑스 시민들

혁명이란 이제까지의 사회를 뒤바꾸는 커다란 변화를 말해요. 그럼 프랑스 시민들은 왜 혁명을 일으킨 걸까요? 중세 시대 프랑스는 왕의 힘이 절대적이었어요. 소수의 교회 성직자와 귀족들은 온갖 혜택을 누리며 권력과 부를 독차지했지요. 국민의 대다수인 시민들은 무거운 세금에 휘청거려야 했고요. 시민들은 사회의 잘못을 비판하며 마침내는 강하게 저항했어요. 그것이 바로 프랑스 혁명이지요.

혁명을 일으킨 시민들은 '인간과 시민의 권리 선언'을 발표했어요. 그들은 이 문서에 자유, 평등, 교육, 안전, 재산 등 다양한 시민의 권리를 담았어요. '인권'이라는 말을 처음 쓴 것도 바로 이 선언에서였어요. 인간과 시민의 권리 선언은 유럽 사회에 민주주의와 시민의 권리를 퍼뜨리는 출발점이기도 했어요.

모든 사람은 존엄하다, 유엔 세계 인권 선언

달력을 펼쳐 12월 10일을 찾아보세요. 무슨 글씨가 보이나요? 만약 아무것도 쓰여 있지 않다면 '세계 인권의 날'이라고 써 보세요.

1948년 12월 10일, 유엔은 '세계 인권 선언'을 발표하고 이를 기념하기 위해 매년 12월 10일을 세계 인권의 날로 정했답니다.

세계 인권 선언은 인간의 존
엄성을 널리 일깨운 문서예요.
내용을 잠깐 살펴볼까요?

"모든 사람은 인종, 피부색,
성, 언어, 종교, 정치 또는 그 밖
의 견해, 민족적 또는 사회적 출신, 재산, 출생, 기타의 지위 등에 따른
그 어떤 차별 없이 이 선언에 나타난 모든 권리와 자유를 누릴 자격이
있다."

고개가 끄덕여지는 말인가요? 여러분은 잘 지키고 있나요?

어린이의 인권을 위한 약속, 유엔 아동 권리 협약

"어린이에 대한 처우는 그 사회의 정의와 미래를 보여 줍니다. 이제
는 어린이들의 권리를 적극 보호합시다!"

1989년 유엔 총회에서는 어린이의 권리 보호에 대한 다양한 이야기
가 쏟아져 나왔어요. 그리고 그 회의에 참석한 모든 국가들이 한마음
이 되어 '유엔 아동 권리 협약'을 채택했어요.

아동 권리 협약은 크게 네 가지의 권리를 담고 있어요.

어린이가 안전한 곳에서 충분한 영양을 섭취하며 생활할 권리(생존의 권리), 폭력, 차별, 지나친 노동으로부터 보호받을 권리(보호의 권리), 교육을 받고 여가를 즐길 권리(발달의 권리), 자기의 의견을 말할 수 있는 권리(참여의 권리) 등이지요.

여러분이 당당하게 주장할 수 있는 권리들이에요. 그러나 잊지 말아야 할 것이 있어요. 그건 바로 여러분의 권리가 소중한 만큼 다른 친구의 권리도 잘 지켜 주어야 한다는 것이에요.

6월 12일은 아동 노동 반대의 날

"바쁠 때 어린이들은 새벽 3시에 공장에 나가 밤 10시에 돌아옵니다."

새벽부터 늦은 밤까지 공장에서 일하는 어린이들. 믿기 어려운 말이죠? 그러나 실제로 산업 혁명기에 영국에서 일어났던 일이에요. 산업 혁명기란, 기계가 발달하면서 공장이 늘어나고 물건이 대량으로 만들어지기 시작하던 때를 가리켜요. 공장 운영자들은 급여를 적게 주고도 일을 많이 시킬 수 있는 어린이들을 고용했어요. 이것이 사회 문제가 되자 영국은 1833년, 9세 미만 어린이는 노동을 금지하고 9세~13세 어린이는 일주일에 48시간만 일한다는 법을 만들었어요.

그 뒤로 오랜 시간이 지났지만 오늘날에도 아동 노동은 사라지지 않았어요. 학교에 가서 공부해야 할 어린이들이 가족과 떨어져서 위험하고 힘든 일을 하고 있어요. 카펫과 옷 또는 축구공을 만들고 카카오나 커피 농장, 광산 등에서 일을 하고, 심지어는 마약을 나르기도 해요. 총을 들고 전쟁에 참가하는 소년병들도 적지 않아요.

어린이의 인권을 빼앗는 아동 노동을 없애기 위해 국제 노동 기구(ILO)는 6월 12일을 '세계 아동 노동 반대의 날'로 정하여 지키고 있어요.

카펫을 짜고 있는 모로코 어린이

111

 책 속 인물, 책 속 사건

- 해리엇 비처 스토와 미국 노예 해방

"그래, 써야겠어. 내가 살아 있는 한 노예 이야기를 쓸 거야!"

1850년 말, 오빠의 부인인 이사벨라의 편지를 읽은 해리엇 비처 스토가 이렇게 다짐했어요. 해리엇의 남편과 오빠 부부 등 가족들은 평소에도 노예 제도에 반대하고 있었어요. 1850년 도망 노예법으로 노예들의 삶이 더욱 비참해지자 모두들 안타까워했지요. 해리엇은 노예 문제를 소설로 써서 세상에 이끌어 내기로 했어요.

해리엇은 신시내티라는 도시에 살았어요. 신시내티는 자유 도시였지만, 노예 제도가 실시되고 있는 켄터키 주와 강 하나를 사이에 두고 마주 보던 곳이었어요. 신시내티는 상업이 발달한 도시여서 시장에 가면 남부의 농장에서 심부름 온 노예들을

해리엇 비처 스토

쉽게 만날 수 있었지요. 해리엇이 직접 켄터키를 방문한 적도 있어요. 이때 노예들의 삶을 가까이에서 보았겠지요? 강을 건너 도망쳐 온 노예가 더 북쪽으로 달아날 수 있게 도운 적도 있답니다.

　이런 경험을 바탕으로 해리엇은 도망 노예법이 만들어진 이듬해부터 신문에《톰 아저씨의 오두막》을 연재했어요. 연재가 끝나고는 한 권의 책으로 묶어 세상에 내놓았지요.

노예 해방의 불을 지핀 《톰 아저씨의 오두막》

　"자유나 인간성에 대해서 말할 수 있는 사람이라면 여자든 아이든 이제는 말할 때입니다. 나의 역할은 화가와 같습니다. 내가 조사했던 노예 제도의 뒷면을 생생하게 그려 내겠습니다. 내가 아무 주장을 하지 않아도 사람들은 감동할 것입니다."

　1851년, 해리엇 비처 스토는《톰 아저씨의 오두막》신문 연재를 앞두고 신문사 편집장에게 이런 편지를 썼어요. 어때요? 해리엇 비처 스토의 각오가 생생하게 느껴지지 않나요?

《톰 아저씨의 오두막》 표지

《톰 아저씨의 오두막》은 마음씨 좋은 노예 톰과 그를 둘러싼 주변 사람들의 이야기로, 흑인 노예들의 비참한 삶을 담담하게 그려 냈어요. 특히 아이들과 강제로 헤어지는 엄마 노예들의 이야기가 등장하는데, 해리엇 비처 스토도 어린 아기를 콜레라로 잃은 경험이 있기 때문에 아이와 강제로 헤어져야 하는 엄마의 슬픔을 그려 낼 수 있었어요. 그런가 하면 마음씨 착한 백인 어린이도 나오고 마음씨 착한 농장주의 이야기도 있어요. 물론 악당 같은 농장주, 같은 노예지만 마음씨가 고약한 사람들도 나오지요. '농장주는 다 나쁘고 노예들은 다 불쌍해.'라는 단순한 구분을 벗어난 셈이에요. 대신 농장주와 상관없이 노예 제도 자체가 비인간적이라는 것을 보여 주었지요.

이 소설은 1851년부터 1852년까지 신문에 연재됐어요. 연재가 끝나고 책으로 묶여 나왔을 때 미국 사회는 커다란 반응을 보였어요. 이 책은 1800년대 미국에서 가장 많이 팔린 소설이 되었답니다.

물론 미국에는 《톰 아저씨의 오두막》보다 먼저 노예 제도를 다룬 책도 많았어요. 흑인들이 직접 책을 쓰기도 했고요. 그러나 《톰 아저씨의 오두막》처럼 다양한 사람에게 감동을 전한 책은 많지 않아요.

"남녀노소, 신사, 숙녀, 주인, 하인 모두가 이 책에 열광했다. 쉬거나 일하거나 직장에서나 정원에서나 사람들은 《톰 아저씨의 오두막》을 읽고 있다."

어느 평론가가 책이 나온 후에 쓴 글이에요. 책의 인기를 가늠해 볼 수 있는 말이지요.

이 책의 인기는 곧 노예 제도에 대한 관심으로 옮겨 갔어요. 보다 많은 사람이 노예 제도의 문제점 을 이야기하기 시작했어요.

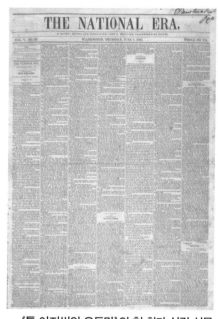

《톰 아저씨의 오두막》의 첫 회가 실린 신문

한 정치인은 "만약 《톰 아저씨의 오두막》이 없었다면 링컨은 백악관 에 가지 못했을 것이다."라고 말했어요. 《톰 아저씨의 오두막》을 읽은 사람들이 노예 제도에 관심을 보인 덕분에 노예 제도 폐지를 공약으로 내세운 링컨이 대통령이 되었다는 말이었지요.

노예 제도에 대해 알아보아요

아프리카 사람들은 왜 노예가 되었나?

아메리카를 찾아낸 유럽 인들은 그곳을 식민지로 개척하여 대규모 농사를 지었어요. 사탕수수, 커피, 카카오, 목화, 담배 등은 따뜻한 아메리카에서 잘 자랐고, 이것들을 길러 유럽에 가져다 팔면 큰돈을 벌 수 있었어요. 그런데 농장에서 일하는 백인 노동자는 아메리카의 열대 기후를 견디기 어려워했어요. 반면 아프리카의 더운 지방에 살던 사람들은 아메리카의 날씨에도 빨리 적응할 수 있었지요. 유럽 인들은 기후에 잘 적응하고 일도 잘하는 아프리카 흑인 노예가 필요해졌어요.

유럽과 아메리카를 오가며 무역을 하던 사람들이 노예 무역에 뛰어들었어요. 무역상들은 유럽에서 아메리카로 갈 때 아프리카에 들러서 해안을 돌며 마을을 습격했고, 흑인들을 잡아

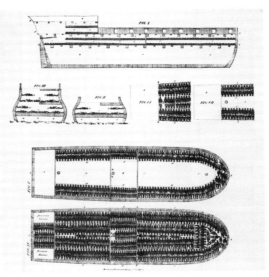

노예 무역선에 사람들을 어떻게 실었는지 보여 주는 그림

들여 배에 실었어요. 그런 다음 아메리카에 데려와서 노예로 팔았어요. 잡혀 온 사람들이 반란을 일으킬까 봐 수갑이나 족쇄로 몸을 묶은 다음 마치 물건을 싣듯이 배에 실었지요. 무역상들은 대서양을 건너 아메리카에 도착해서 흑인을 노예로 팔아 추악한 돈을 벌었어요. 노예를 팔아 번 돈으로는 아메리카의 특산물을 사서 유럽에 가져다 팔았지요. 아프리카 사람들의 인권을 무시한 노예 무역은 400여 년이나 계속되었어요.

미국의 도망 노예법과 지하 철도 운동

고된 노동에 시달리며 비인간적인 대우를 받던 노예들은 자유를 찾아 탈출하는 일이 많았어요. 노예 제도가 없는 도시로 탈출하면 자유롭게 살 수 있었지요. 그러나 1850년, 미국 정부가 '도망 노예법'을 만들면서 상황이 바뀌었어요. 누구라도 도망친 노예를 찾아 원래 주인에게 데려가면 돈을 받을 수 있었어요. 이 일을 방해하면 감옥에 갇히거나 벌금을 내야 했지요. 현상금을 노린 노예 사냥꾼이 곳곳에서 기승을 부렸어요. 사냥꾼들은 이미 오래전에 도망친 노예뿐 아니라 자유로운 신분의 흑인까지 위협했어요.

미국 남부에서 북부 및 캐나다로 이동했던 지하 철도의 다양한 탈출 경로

지하 철도의 차장 역할을 하며
수많은 노예들의 탈출을 도운
해리엇 터브먼

노예 제도를 없애자고 주장하던 사람들은 분노했어요. 처벌을 두려워하지 않고 더 적극적으로 도망 노예들을 도왔어요. 그 무렵 미국에는 '지하 철도'라는 비밀스런 조직이 있었어요. 노예들을 몰래 북쪽으로 탈출시켜 주는 사람들의 모임이었지요. 도망 노예를 안전하게 숨겨 주는 곳은 기차역, 그곳의 주인은 역장,

노예를 역에서 역까지 데려다주는 사람은 차장이라고 불렀어요. 탈출에 나서는 노예들은 화물이라고 했지요. 지하 철도는 도망 노예법이 만들어진 뒤에 더욱 활발하게 활동했어요.

노예 제도의 폐지

미국의 남부와 북부 지역은 노예 제도에 대해 서로 다른 생각을 가지고 있었어요. 상업과 공업이 발달한 북부는 노예보다는 자유롭게 일할 노동자가 더 필요했어요. 그 때문에 노예 제도를 폐지하는 도시들이 생겨났지요. 그러나 대규모 농사를 주로 짓던 남부 지역은 노예들의 노동력이 필요했기 때문에 노예 제도를 고집했어요. 남과 북은 노예 제도를 둘러싸고 오랫동안 갈등을 벌였어요. 1861년부터 1865년까지는 전쟁을 벌이기도 했어요. 물론 전쟁의 원인이 오로지 노예 제도만은 아니었어요. 농업 위주의 남부와 공업 위주의 북부는 세금 문제에서도 갈등을 빚고 있었어요.

미국의 16대 대통령 링컨

북군을 대표하는 링컨 대통령은 1863년에 '노예 해방 선언'을 발표했어요. 1865년 북군은 전쟁에서 승리했고, 그해 12월에 미국은 노예 제도를 공식적으로 폐지했어요.

인종 차별에 맞선 로자 파크스

"개와 흑인은 출입 금지!"

노예 제도가 사라진 뒤에도 미국의 흑인들은 여전히 심한 차별에 시달렸어요. 버스나 기차에는 백인과 흑인의 자리가 따로 있었고, 그것은 병원, 식당, 극장, 군대 등 어디를 가든 마찬가지였어요. 흑인들은 학교도 마음대로 못 가고, 가게도 마음대로 다닐 수 없었어요.

"흑인과 백인을 분리하지만 그래도 둘은 평등하다."

이런 앞뒤 안 맞는 말을 백인 사회는 당연하게 받아들였어요. 흑인들은 차별에 저항해 나가기 시작했지요.

1955년, 앨라배마 주 몽고메리에 사는 한 흑인 여성도 이런 사회 분위기에 반대하는 용기를 냈어요.

로자 파크스라는 이 여성은 일을 마치고 집으로 돌아가는 버스에 올라 흑인 자리로 표시된 곳에 앉았어요.

로자 파크스

버스를 타는 사람이 늘면서 백인의 자리가 부족해지자 버스 운전기사는 로자에게 다가와 뒷자리로 옮기라고 했어요. 로자의 자리에 백인을 앉히기 위해서였지요.

"나는 이 자리에서 일어설 이유가 없어요."

로자는 자리에 앉아 버티었고 그 일로 경찰에 붙들려 갔어요. 흑인과 백인 분리에 관한 법을 어긴 죄였어요.

몽고메리 지역의 흑인들은 이 소식을 듣고 분노했어요. 흑인이 평등하게 버스를 이용할 때까지 버스를 타지 않기로 했어요. 흑인들은 아무리 춥고 비가 많이 와도 버스 탑승 거부 운동을 계속했어요.

버스를 타는 대신 걷거나 자전거를 타고 학교로, 일터로 갔지요. 흑인들을 자기 차에 태워 주는 백인들도 있었어요. 이 운동은 무려 381일 동안이나 계속됐어요. 버스 회사는 손님이 없어 울상을 짓다가 마침내 차별을 없애기로 했어요.

그러나 미국 사회의 흑인 차별은 쉽게 사라지지 않고 아직도 계속되어 사회 문제가 되고 있어요.

# 생각이 자라는 인문학

1. 재인이는 수상한 인문학 교실을 다녀오면서 은호와 수정이에 대한 생각과
   태도가 바뀌었어요. 어떻게, 어떤 계기로 변화되었는지 내용을 생각하며 적
   어 보세요.

----

2. 다음은 목화 농장 주인 랜돌프 부인이 한 말이에요. 흑인을 차별하는 것이 당연하다고 생각하는 랜돌프 부인을 설득하는 글을 써서 부인의 생각을 바꾸어 보세요.

"못사는 나라에서 온 흑인들은 모든 면에서 부족해요. 감정도 없고 지식도 없고 영혼도 보잘것없죠. 그래서 노예 생활을 하는 거랍니다. 그런 흑인이 이 땅의 주인인 백인하고 어떻게 똑같을 수 있나요?"

----

3. 스토 부인은 온갖 위험을 무릅쓰고 쥬바의 탈출을 도왔어요. 스토 부인이 그
   렇게까지 하면서 흑인들을 도운 이유는 무엇이었을까요? 내가 스토 부인이
   라면 그렇게 할 수 있었을까요? 자신의 생각을 적어 보세요.

---

* 재인이와 은호가 인권에 대해서 이야기를 나누고 있어요. 여러분은 누구의
  의견에 찬성하나요? 그 이유는 무엇인지 자신의 생각을 적어 보세요.

4.

> 은호: '다문화'라는 말은 없애는 게 좋겠어. 엄마나 아빠가 외국인이라
> 고 해서 따로 구분할 필요는 없잖아? 그건 또 다른 차별이야.
>
> 재인: 차별은 나쁘지만 다문화라는 말까지 없앨 필요가 있을까? 엄마
> 나 아빠가 외국인인 가정에 특별한 관심을 가질 필요는 있잖아. 다문
> 화는 그런 경우에 편하게 사용할 수 있는 말이야.

5.

은호: 그 뉴스 봤어? 어린이의 돈을 빼앗다가 경찰에 잡힌 고등학생 말이야. 얼굴에 마스크를 써서 누군지 알아볼 수가 없더라. 범죄자한 테도 인권이 있다나 뭐라나. 그런 사람들 얼굴은 공개를 해야 또 다른 사람이 피해를 안 입을 텐데……

재인: 얼굴을 공개하면 그 사람의 식구들이 또 다른 피해를 입게 돼. 그 고등학생한테도 우리와 같은 초등학생 동생이 있을지 모르잖아. 만 약 얼굴을 공개하면 그 동생도 똑같이 범죄자 취급을 받을지 몰라. 범 죄자라 해도 텔레비전에서 얼굴을 공개하는 것에 대해 난 반대해.